企业

法律知识实用问答

张闻晋　张映婷◎著

中国法制出版社
CHINA LEGAL PUBLISHING HOUSE

序　言

全民普法是全面依法治国的长期基础性工作。《中央宣传部、司法部关于开展法治宣传教育的第八个五年规划（2021—2025年）》指出，要持续提升公民法治素养，实行公民终身法治教育制度，把法治教育纳入干部教育体系、国民教育体系、社会教育体系。要加强国家工作人员法治教育，加强青少年法治教育，分层分类开展法治教育，根据不同的群体特点，开展有针对性的法治宣传教育活动，提高其依法维护权益的意识和能力。

在建设法治社会的大背景下，遇到问题通过法律途径解决已成为公民的习惯。在开展第八个五年法治宣传教育之际，我们根据社会需求，特别编写了本套“八五”普法实用问答丛书。本套丛书区分不同读者群体，分为以下7个分册：《公民常用法律知识实用问答》《领导干部法律知识实用问答》《公务员法律知识实用问答》《职工法律知识实用问答》《青少年法律知识实用问答》《企业法律知识实用问答》《农村法律知识实用问答》。

各分册以最简明、易懂的问答形式，挑选与相关读者群体关系最为密切的主题，从实用的角度，有针对性地设计问题。在保持专业性的同时，用尽可能通俗、流畅的语言，辅以必要的案例，向读者介绍相关的法律知识，帮助公民在日常工作与生活中，维护法治，遵守社会秩序，保护自己的合法权益。

希望广大读者通过本套丛书轻松学习法律知识，提升法治素养，提高尊法学法守法用法的自觉性和主动性，养成办事依法、遇事找法、解决问题用法、化解矛盾靠法的良好习惯。

目　录

第一章　企业的设立、变更与终止

第一节　企业的设立

第二节　企业的变更与终止

第二章 企业管理

第一节 出资人、股东、合伙人的权利与义务

第二节　公司董事、监事、高级管理人员的权利和义务

第三节　争议解决

第三章 企业劳动用工

第一节 劳动合同的订立

第二节 劳动合同的履行和变更

第二节　合同的履行、变更与转让

第三节　合同的终止与违约责任

第六章 企业财税与融资

第七章　企业刑事法律风险

第一章

企业的设立、变更与终止

第一节 企业的设立

1 我国企业组织形式主要有哪些？投资者在不同企业组织形式中所承担的责任形式有何不同？

企业组织形式是指企业存在的形态与类型。目前我国常见的企业组织形式为有限责任公司、股份有限公司、个人独资企业、合伙企业、外商投资企业、全民所有制企业、集体所有制企业。企业组织形式不同，投资者所承担的责任形式也有所不同。

（1）有限责任公司是依据《公司法》由全体股东依照公司章程规定认缴出资额而设立，公司有独立的法人财产，以公司全部财产对公司债务承担责任。有限责任公司的股东以其认缴的出资额为限对公司承担责任。

（2）股份有限公司是另一种依据《公司法》设立的企业形式，公司有独立的财产，以公司全部财产对公司债务承担责任。股份有限公司的股东以其认购的股份对公司承担责任。

（3）个人独资企业是依据《个人独资企业法》由一个自然

人在中国境内出资而设立。个人独资企业的财产为投资人个人所有，投资人以其个人财产对企业债务承担无限责任。

（4）合伙企业是依据《合伙企业法》由自然人、法人和其他组织在中国境内设立的。合伙企业分为普通合伙企业和有限合伙企业。普通合伙企业由普通合伙人组成，合伙人对合伙企业的债务承担无限连带责任。有限合伙企业由普通合伙人和有限合伙人组成，其中，普通合伙人对合伙企业债务承担无限连带责任，有限合伙人以其认缴的出资额为限对合伙企业债务承担责任。

（5）外商投资企业是依据《外商投资法》由外国的自然人、企业或其他组织直接或间接在中国境内进行投资活动而设立。外商投资企业的组织形式、活动规则，应适用《公司法》《合伙企业法》等法律规定，即外商投资企业可以以有限责任公司、股份有限公司、合伙企业的形式设立，投资人根据设立企业的组织形式而对企业债务承担相应的责任。

需要注意的是，《外商投资法》于2020年1月1日起施行，此前依据《中外合资经营企业法》《外资企业法》《中外合作经营企业法》设立的外商投资企业，可以在《外商投资法》施行5年内继续保留原企业组织形式。所以，中外合资经营企业的组织形式为有限责任公司，合资经营各方按注册资本比例对企业债务承担责任。中外合作经营企业的中外合作者依据合作企业合同约定对企业债务承担责任。依法取得中国法人资格的，为有限责任公司，中外合作者以其投资财产为限对企业债务承担责任。除中外合作经营企业合同另有约定外，中外合作者以其投资或提供合作条件为限对企业债务承担责任。

2　个人独自出资可以设立什么形式的企业？不同形式的企业之间投资者的责任有何不同？

个人出资可以设立个体工商户、个人独资企业及一人有限责任公司。

（1）个体工商户。有经营能力的个人从事工商业经营活动，可以依据《个体工商户条例》经工商行政管理部门登记，设立个体工商户。个体工商户的债务，个人经营的，由个人财产承担；家庭经营的，由家庭财产承担。如果无法区分个人经营还是家庭经营，则由家庭财产承担债务清偿责任。

当个体工商户需要变更经营者时，应当在办理注销登记后，由新的经营者重新申请办理注册登记。实务中，有些投资者没有注销登记，而直接将个体工商户转让给他人，当转让后的个体工商户不能清偿债务时，债权人可以请求个体工商户登记的经营者对个体工商户的债务承担清偿责任。因此，个体工商户经营者发生变更时，应及时办理变更登记手续，避免投资者投资损失。

（2）个人独资企业。个人独资企业是由一个自然人投资，财产为投资者个人所有，同时，投资者以其个人财产对企业债务承担无限责任的经营实体。但是，法律、行政法规禁止从事经营性活动的人，不得申请设立个人独资企业。

投资者可以自行管理企业，也可以委托或聘用其他具有民事行为能力的人管理企业。个人独资企业投资者对企业的财产享有所有权，其对企业的相关权利可以转让或继承。此外，当投资者决定解散、投资者死亡或被宣告死亡而无人继承，或个人独资企业被依法吊销营业执照时，个人独资企业应当解散。个人独资企业解散后，应当进行清算。当个人独资企业财产不足以清偿债务时，原投资者对个人独资企业存续期间的债务仍应承担清偿责任。

（3）一人有限责任公司。一人有限责任公司是由一个自然人投资设立，该自然人股东持有100%股权的企业。《公司法》第63条规定，当自然人股东即投资者不能证明公司财产独立于自己财产时，该自然人股东应对公司债务承担连带清偿责任。因此，投资者设立一人有限责任公司时，应当规范财务管理，股东不能把公司财产当作个人财产予以自由支配。当一人有限责任公司出现法定解散事由时，自然人股东应成立清算组对公司进行清算。实务中，一人有限责任公司的自然人股东在公司出现解散事由时，未对公司进行清算而径行办理注销登记，这将增加自然人股东对一人有限责任公司承担清偿责任的风险。

3 有限责任公司与股份有限公司的主要区别是什么?

我国《公司法》只承认有限责任公司与股份有限公司，两者在设立方式、管理要求等方面存在明显差异，适合不同需求的投资者。投资者在选择公司组织形式时，应根据发起人的财产能力、经营能力、长远需求等综合作出判断。两者主要差异表现如下：

（1）设立方式差异。有限责任公司只能由发起人集资设立，股份有限公司除了可由发起人集资外，还可以向社会公开募集资金并上市融资。股份有限公司设立方式更为多样。

（2）股东人数差异。有限责任公司的股东不得多于 50 人，封闭性较强。股份有限公司应当有 2 人以上 200 人以下作为发起人，且须有半数以上的发起人在中国境内有住所，但对股东人数没有限制。证券市场上持有上市公司股票的上百万股民都是上市公司的股东。

（3）股权表现方式差异。有限责任公司的股东根据认缴出资额比例确定持有公司股权比例，股东按其持股比例享有表决权。股份有限公司以其资本划分为每一股金额相同的若干股份，同种类的每一股份具有同等权利。股东所持有每一股份有一表决权，即股东的表决权以认缴出资额计算。

（4）组织架构差异。有限责任公司可以不设董事会、监事会，而通过章程只设立执行董事、执行监事。而股份有限公司必须设立董事会、监事会。上市公司在此基础上还需要聘用外部独立董事。有限责任公司的组织架构更为简易灵活。

（5）股权转让差异。有限责任公司的股东之间可以相互转让股权，而向股东以外的人转让股权时，需要经过股东会过半数股东同意。股份有限公司的股票公开发行，可自由转让。因此，股份有限公司的股权流动性较好，变现能力较强。

（6）公开程度差异。有限责任公司的生产、经营、财务状况，只需按公司章程规定向股东公开，无需对外公布。股份有限公司需定期公布财务状况，上市公司则需要通过公共媒体向公众披露财务状况，且对于信息披露要求更严格。因此，有限责任公司财务状况相对保密，不容易泄露商业信息。

4 股东是否可用已设定抵押权的财产出资？

股东出资是其成为公司股东的前提之一。有限责任公司注册资本为全体股东认缴的出资额，股份有限公司的注册资本为公司登记机关登记的全体发起人认购的股本总额或实收股本总额。因此，股东出资是公司设立的重要环节。如果股东虚假出资或者出资不符合规定，将影响公司的经营运作，也间接影响其他股东的合法权益。

根据《公司法》第 27 条的规定，股东可以采用多种方式出资，包括货币出资和非货币出资。非货币出资包括有形资产和无形资产。常见的非货币出资包括知识产权、土地使用权、土地承包权、采矿权、探矿权、企业承包经营权、企业租赁权、股权、债权等。此外，法律、行政法规还对不得作为出资的财产进行了规定，如股东的劳务、信用、自然人姓名、商誉等。

虽然上述法律规定未明确设定抵押权的财产能否作为股东的出资。但根据《公司法》关于股东出资方式及限制的规定可知，股东的非货币出资应具备合法性、可评估性、可转让性的条件。设定抵押权的财产，自由转让受到抵押权的限制。如若以此作为股东出资，一旦抵押权人主张实现抵押权，将危及公司财产的完整性。因此，《公司注册资本登记管理规定》第 5 条、《公司登记管理条例》第 14 条均明确规定，设定抵押权的财产不能作为股东的出资。

5 股东设立有限责任公司时，应该如何出资？

设立有限责任公司时，全体股东应该按照公司章程规定的资本总额认缴出资额。全体股东不得抽逃出资，从公司处取得利润分红时应严格依照法律规定程序和条件进行。当股东出资不实或存在瑕疵时，股东可能面临法律风险。那么，股东该如何出资？

（1）关于出资形式。股东出资方式可以是货币出资也可以是非货币出资，非货币出资包括有形资产出资和无形资产出资，可以是实物出资，也可以是知识产权、土地使用权、企业租赁权、股权等出资。但是法律、行政法规规定不得作为出资的财产除外。比如股东的劳务、信用、商誉等不得作为股东的出资。

（2）关于非货币出资的要求。非货币出资的财物应当可以用货币进行估价，并且可以依法转让至设立的公司。非货币出资必须具有合法性、可转让性和可评估性。因此，应当避免出现以无权处分的财物、非法所得的财物作为股东出资。非货币财产出资必须依法进行评估，应避免出现评估确定的价值远远高于真实价值进而出现出资不实的情形，也应避免出现评估确定的价值显著低于股东所应缴纳的出资进而出现出资不足的情形。

（3）关于出资时间。股东应当按照公司章程规定的时间缴纳出资。股东以非货币出资的，应当及时办理产权转移手续，将财产转移至公司名下。股东未履行或未全面履行出资的，公司或者公司债权人可以请求该股东承担出资义务。

需要注意的是，当以非货币财产出资后，公司或其他股东不能因为市场变化或其他客观因素导致财产价值贬损而要求股东补足出资。所以在进行非货币财产出资时，必须依法依规对非货币财产作出评估，并将该财产转移至公司名下。

6　公司办公地址与注册地址可以不同吗？

公司设立初期，投资者会由于资金问题而租赁办公室作为办公地址，并依据《公司法》对公司设立的规定将该办公地址登记为注册地址。但在公司发展过程中，投资者可能会变更办公地址，由此出现注册地址与实际办公地址不一致的问题。

一般情况下，公司注册地址与实际经营地址应当一致，因此，公司以其主要办公地址为注册地。如果实际办公地址不是公司注册地址，投资者应将公司注册地址变更为实际办公地址。但司法实务中，有部分公司的注册地与实际办公地址不一致，由此可能面临以下法律风险：

（1）依据《公司登记管理条例》第68条规定，公司登记事项发生变更时应办理有关变更登记，否则可能被处以1万元以上10万元以下的罚款。

（2）如果公司被提起诉讼，法院会根据《公司法》《民事诉讼法》及其司法解释的规定，向注册地址送达法律文书。实际办公地址与注册地址不一致时，可能导致无法收到法院送达的文书而失去出庭应诉的机会。

(3) 公司在对外签订合同和履行合同时也面临风险。比如合同甲方因具有解除权而按合同乙方的注册地址向合同乙方邮寄解除合同通知书，甲乙双方的合同将于解除合同通知书送达乙方之日解除。此时，乙方不得以其办公地址与注册地址不符为抗辩理由。

7 有限责任公司转为股份有限公司有哪些注意事项?

有限责任公司设立程序较为简单，一般投资者会选择先设立有限责任公司。但随着公司经营规模的扩大及对投资资金的需求增加等，有限责任公司不能满足企业发展需求。相比有限责任公司而言，股份有限公司更容易集中大量资金，有利于公司迅速扩大经营规模。同时，由于股东人数不再限于50人，股份有限公司也有利于分散投资者风险。当有限责任公司面临发展瓶颈而需要成立股份有限公司时，无需将有限责任公司注销而重新设立股份有限公司，可以直接将有限责任公司转为股份有限公司。

《公司法》第9条规定，有限责任公司可变更为股份有限公司，在变更时应注意以下事项：

(1) 有限责任公司变更为股份有限公司时，应符合《公司法》第76条关于设立股份有限公司的条件，并依照《公司法》第四章第一节关于设立股份有限公司的程序办理变更手续。具体程序为向有关政府部门提交变更申请，原有限责任公司股东作为拟设立的股份有限公司的发起人，由会计师事务所出具验资报告，制定公司章程，召开创立大会，创立大会结束后30天内由公司董事会向公司登记管理机关申请设立登记，在媒体刊登公告。

（2）有限责任公司变更为股份有限公司不属于新设立公司，故有限责任公司原有的债权、债务由变更后的股份有限公司承继。

（3）依照《公司法》第95条规定，有限责任公司变更为股份有限公司时，折合的实收股本总额不得高于公司净资产额。

8　制定公司章程时，可以直接套用模板吗？如何制定公司章程？

公司章程是由设立公司的股东制定并对公司、股东、公司经营管理人员具有约束力的调整公司内部组织关系和经营行为的自治规则。公司章程是公司组织和活动的根本准则，是公司自治的宪章。因此，如何制定公司章程应成为投资者设立公司时一个重要的考虑事项。

实践中，各地市场监管部门均提供章程模板，而大多数章程模板仅作粗线条规定，且基本是对《公司法》规定的重复，以致出现千篇一律的公司章程。如仅从方便而言，使用章程模板作为公司章程，能提高公司注册效率。但如此制作章程，不仅不具有可操作性，且不具备章程应有的功能，以致无法依据公司章程有效解决公司纠纷。

既然《公司法》赋予了公司章程自治的空间，投资者在制定章程时就应作个性化设计。公司章程内容即记载事项，根据其对章程效力影响不同，分为绝对必要记载事项、相对必要记载事项和任意记载事项。（1）绝对必要记载事项是法律规定公司章程必须记载的事项，对此事项应当记载，不记载或记载违法则章程无效。（2）相对必要记载事项是法律规定章程未记载或记载违法时不影响公司章程效力的事项。（3）任意记载事项是法律规定的绝对必要记载事项和相对必要记载事项之外，在不违反法律、行政法规强制性规定和公共利益时，完全由章程制定者根据需要记载于公司章程的事项。因此，投资者在制定章程时，应确保绝对必要记载事项，并根据设立公司的目的及治理公司的考虑因素灵活设计相对必要记载事项与任意记载事项。例如，公司可以通过章程规定董事长、副董事长的产生办法，规定执行董事的职权，监事会中职工代表的比例等。

9 公司注册资本认缴出资额越高越好吗?

2013年我国《公司法》对股东设立公司时缴纳出资的规定作出重大修改，将原来的实缴制改为认缴制。因此，投资者设立公司时只需在公司章程上规定认缴出资数额及认缴期限即可，无需再经过验资手续。在实行注册资本认缴制后，不少投资者不完全了解经营风险时，为了让公司看起来更“高大上”，将注册资本写得很高，以致注册资本远远超出了投资者可承担的能力范围。但注册资本虚高意味着承担的法律风险更大。体现如下：

（1）股东未按期出资对公司和其他股东承担民事责任的风险。《公司法》第28条规定，股东应当按公司章程规定按期足额缴纳认缴的出资，如股东未能按期实缴出资的，不但要向公司足额缴纳，还需向已按期缴纳出资的股东承担违约责任。

（2）未履行或未全面履行出资义务股东、发起人对公司债务不能清偿的部分承担补充赔偿责任的风险。根据《最高人民法院关于适用〈中华人民共和国公司法〉若干问题的规定（三）》（以下简称《公司法司法解释三》）第13条的规定，公司债权人债权未获得清偿时，公司债权人有权请求未履行或未全面履行出资义务的股东在其未出资本息范围内对公司债务不能清偿的部分承担补充赔偿责任。此外，作为发起人股东，公司债权人还可以请求发起人股东与其他未履行或未全面履行出资义务的股东承担连带责任。

（3）转让有出资瑕疵股权时出让股东与受让人承担法律责任的风险。《公司法司法解释三》第18条规定，有限责任公司的股东在未履行或未全面履行出资义务即转让股权时，如果受让人知道或应当知道的，公司有权请求出让股东履行出资义务，并有权请求受让人对此承担连带责任。此时，公司债权人如以股东未履行或未全面履行出资义务即转让股权为由而请求出让股东在其未出资本息范围内对公司债务不能清偿的部分承担补充赔偿责任的，可同时请求受让人对此承担连带责任。

（4）股东因公司解散清算或公司破产承担立即缴纳未到期出资的风险。《最高人民法院关于适用〈中华人民共和国公司法〉若干问题的规定（二）》第22条规定，公司解散时，股东尚未缴纳的出资应作为清算财产，包括已到期未缴纳的出资以及缴纳期限尚未届满的出资。根据《企业破产法》第35条的规定，法院受理公司破产申请后，公司的出资人如果尚未完全履行出资义务，应当缴纳所认缴的出资，且不受出资期限限制。

投资者在设立公司时，应合理控制公司注册资本数额，需考虑公司发展需要、公司经营所需资质对注册资本的要求、公司与股东对债务承受能力等量力而行，不能盲目虚高，也不应过于图小。

10 公司经营范围可以跨行吗?

根据《公司法》第 7 条规定，公司依法设立时应该办理营业执照，营业执照应记载公司名称、住所、注册资本、经营范围以及法定代表人姓名等事项。公司营业执照载明经营范围，有利于公司依法开展业务活动，有利于相对交易方了解公司生产经营情况，有利于行政部门依法实施监督管理。

在登记公司经营范围时，往往会遇到一种情况，即随着公司发展壮大，公司将来要经营的业务，不只限于一个行业，而是会跨行业，比如从服装生产到服装销售，从生活电器制造到生活电器销售、技术维护、进出口经营等。这将迎来一个问题，即公司经营范围可以跨行业吗？答案是肯定的，公司经营范围可以跨多个行业。比如生活电子制造的公司，经营范围还可以包括电子产品、机电设备、技术维护、进出口销售等项目。如果公司经营范围跨多个行业，在填写时应注意：

（1）经营项目的合理排序。经营范围涉及主税的税种核定，进而影响以后公司税款缴纳多少，且可能会影响到相关税收优惠政策的享受。一般来说，主营的项目要放在第一位。

（2）经营项目不能图多。虽然法律对跨行业经营未作限制，但也不宜写太多。因为这可能导致日后缴纳税款增多以及记账报税成本增大。

实际上，法律允许公司在公司存续期间变更经营范围。公司在设立初期，可以只填写主要经营项目，待公司规模扩大时再进行公司经营范围的变更，增加相应项目，或通过设立分支机构、子公司等方式实现增加经营范围的目的。

11 公司实际出资人与登记股东可以不一致吗？

实践中，因各种原因，公司实际出资人与登记股东不一致的情形屡见不鲜，较为常见的是由登记股东代实际出资人持有股权、行使股权，而由实际出资人享受股权收益。一般情况下，登记股东与实际出资人之间的此种代持股约定属于双方对各自权利的自由处分，如不存在法律规定之无效情形时，应属有效约定。实际出资人可依据此代持股约定向登记股东主张相关权益。

但是，登记股东与实际出资人之间的代持股约定属于双方内部约定，仅在合同双方内部产生法律约束，不能发生对外效力。相对于公司而言，登记股东经公司登记文件确认，有权直接行使股权，登记股东的行为原则上对公司内部及外部均发生法律效力。而实际出资人仅依据其与登记股东之间的内部约定而获得投资权益。当实际投资人要求公司确认其为股东，签发出资证明书、变更股东登记、将其记载于公司章程及办理变更登记时，已突破此内部约定，应经由公司其他股东过半数同意，才可以取代原登记股东而成为公司股东，否则，实际投资人的上述诉求不能得到支持。

实践中常见的纠纷是，登记股东未按代持股约定履行受托事项，而实际投资人亦不能成为公司股东，实际投资人仅能依据代持股约定向登记股东主张合同权利，而无法向公司主张股东权利。实践中也出现，实际投资人突然身故而继承人无法获得该代持股协议，或实际投资人遗失代持股协议，或实际投资人与登记股东仅有口头约定，而登记股东不承认双方存在代持股约定，实际投资人或其继承人将难以取得代持股协议约定的合同权益，此时其既得不到代持股约定的合同权益，也无法取得公司股东权利，投资目的难以实现。

12　公司设立失败后，出资人可否请求返还出资款?

公司设立是指发起人为组建公司，取得法人资格，按照法律规定的条件和程序而采取的法律行为。公司设立失败是指发起人在组建公司过程中，由于主观或客观因素，导致公司没有设立。公司设立失败的原因很多，较为常见的是公司设立在条件上不符合法律规定或在程序上有瑕疵，公司登记机关依据法律规定拒绝登记、发放营业执照。公司设立失败会引起纠纷，常见的纠纷是公司未设立时应否返还出资。对此问题应区分情况而论：

（1）原则上，公司设立失败后，发起人应返还相应的出资。虽然《公司法》没有直接规定，但根据《民法典》第 566 条的规定，公司设立失败，发起人不存在占有出资的合理理由，应予退还出资。

（2）由于公司设立失败，在公司设立过程中产生的费用和债务无法由成立后的公司承担。《公司法司法解释三》第 4 条规定，公司设立失败，发起人应对设立公司行为所产生的费用和债务承担清偿责任，各发起人应按约定的责任承担比例分担责任；没有约定责任承担比例的，按照约定的出资比例分担责任；没有约定出资比例的，按照均等份额分担责任。此时，若设立公司的出资已用于清偿费用及债务，则不能返还出资，若出资不足以清偿费用及债务，还需要按上述规定比例分摊。

（3）根据《公司法》第 94 条的规定，股份有限公司的发起人，对已缴纳股款的认股人，负有返还股款并加算银行同期存款利息的连带责任。

13 设立合伙企业应当具备哪些条件?

合伙企业是指自然人、法人和其他组织依照《合伙企业法》在中国境内设立的普通合伙企业和有限合伙企业。根据《合伙企业法》第14条的规定，设立普通合伙企业应具备的条件为：

（1）合伙人数量及行为能力的规定。普通合伙企业有两个以上合伙人。具体如何组成，除法律另有规定外不受限制。可以是自然人与法人相结合、自然人之间相结合、自然人与法人及其他组织相组合等。合伙人为自然人的，应具备完全民事行为能力。若设立人中有限制民事行为能力人或无民事行为能力人，登记机关将不予登记。而法律另有规定受到限制的情形，包括国有独资公司、国有企业、上市公司及公益性事业单位不能作为普通合伙人等。

（2）合伙人之间意思表示的要求。普通合伙企业必须有书面合伙协议。这意味着普通合伙企业必须有合伙协议，而且合伙协议必须是由两个或两个以上的自然人、法人和其他组织之间签订的以各自提供的合法出资并依法经营等为内容的合同，该合伙协议必须为书面形式。

（3）有合伙人认缴或实际缴付的出资。一般而言，合伙企业是营利性组织，而出资是合伙企业经营的基础。合伙人可以用货币出资，也可以用实物、知识产权、土地使用权、劳务等非货币财产出资。出资的认缴方式比较灵活，合伙人可以一次性缴纳出资，也可以认缴方式分期出资。

（4）有合伙企业的名称和生产经营场所。与公司一样，合伙企业作为市场经济中的一个主体，需要有自己的称谓，以便开展经营。而在开展经营过程中，需要经营场所以保证业务往来的正常开展。

（5）法律、行政法规规定的其他条件。这是一个例外性规定，当法律、行政法规对合伙企业的设立条件作出特殊规定，或条件要求更高的规定时，应按照其他法律、行政法规的规定办理。

14 普通合伙企业和有限合伙企业哪种形式更好？

合伙企业分为普通合伙企业与有限合伙企业两种形式。普通合伙企业是由普通合伙人组成的，合伙人对合伙企业债务承担无限连带责任。有限合伙企业是由普通合伙人和有限合伙人组成，普通合伙人对合伙企业债务承担无限连带责任，有限合伙人以其认缴的出资为限对合伙企业债务承担责任。两者区别如下：

（1）营业执照名称不一样。普通合伙企业名称中应该标明

“普通合伙”字样，有限合伙企业名称中则应该标明“有限合伙”字样。

（2）出资人数不一样。普通合伙企业投资人数为 2 人以上，没有上限规定，而有限合伙企业投资人数为 2 人以上 50 人以下，且至少有一个普通合伙人。

（3）责任承担不一样。普通合伙企业的所有合伙人都必须对合伙企业债务承担无限连带责任。而有限合伙企业中的有限合伙人仅以出资额为限对合伙企业的债务承担有限责任，普通合伙人必须对合伙企业债务承担无限连带责任。

（4）执行合伙事务的权利不一样。普通合伙企业的各合伙人对执行合伙事务享有同等权利。有限合伙企业的有限合伙人不得执行合伙企业事务，只有普通合伙人才能执行合伙企业事务。

（5）出资方式不一样。普通合伙企业的合伙人可以用货币、实物、知识产权、土地使用权或其他财产权利作价出资，也可以用劳务出资。而有限合伙企业的有限合伙人可以用货币、实物、知识产权、土地使用权或其他财产权利作价出资，但不得以劳务出资。

（6）投资人与本合伙企业发生交易的规定不一样。普通合伙人不得与本合伙企业发生交易，除合伙协议另有约定或经全体合伙人一致同意外，普通合伙人不得自营或与他人合作经营与合伙企业相竞争的业务。有限合伙人可与本合伙企业发生交易，可自营或与他人合作经营与本合伙企业相竞争的业务，但合伙协议约定不得进行交易的除外。

从以上分析可知，两种组织形式各有千秋，不存在哪种组织形式好的说法，投资者应根据各自的投资目的和需求而选择适合自己的组织形式进行投资。

15 经全体合伙人过半数同意，可以修改或者补充合伙协议吗？

合伙企业虽与公司的组织形式不同，但同样存在经营规模、投资者等方面的变动问题。公司可以通过修改公司章程变更公司经营管理方面的问题，合伙企业没有公司章程，是否意味着在经营过程中不能变更经营管理的约定？

合伙企业虽然没有公司章程，但设立合伙企业时，合伙人会签订合伙协议，合伙人将根据合伙协议的约定对合伙企业开展经营管理。该合伙协议类似于公司章程，在合伙企业中具有极其重要的作用。根据《合伙企业法》第 19 条的规定，全体合伙人在一致同意的情况下，可以修改或者补充合伙协议，但如果合伙协议另有约定的除外。这意味着：第一，合伙协议并非一成不变，在签订合伙协议后，合伙人可以进行修改或补充。

第二，合伙协议的修改或补充必须经过全体合伙人一致同意，否则不发生法律效力。第三，合伙协议修改或补充的方式，既可以是对原有合伙协议进行全面修订，也可以是另行订立补充条款进行修订。第四，如合伙协议另有修改或补充合伙协议的约定，应当按照合伙协议的另行约定执行。此时，不得以全体合伙人一致同意为由对合伙协议作出修改或补充。

16 公司前景不好，股东可以随意撤资吗？股东随意撤资会有什么法律后果？

根据《公司法》第35条规定，公司设立后，股东不得随意撤资（法律上称为抽逃出资）。因为股东出资是公司设立并从事生产经营活动的物质基础，公司需要维持资本充实。应当注意的是，在公司设立后，股东缴纳的出资即成为公司资产，而非股东资产。但实践中，有相当部分的股东将公司当成是自己的财产，将自己的出资从公司中抽逃。而股东随意撤资将会使公司财产减少，损害公司的财产权益。为此，《公司法司法解释三》第12条对股东抽逃出资作出认定。其中制作虚假财务会计报表虚增利润进行分配、通过虚构债权债务关系将其出资转出、利用关联交易将出资转出等情形均明确认定为抽逃出资。

股东抽逃出资存在以下法律责任：（1）《公司法》第200条

规定，股东在公司设立后抽逃出资的，由公司登记机关责令改正，处以抽逃出资金额5%以上15%以下的罚款。（2）《公司法司法解释三》第14条规定，公司债权人可以请求抽逃出资的股东在抽逃出资本息范围内对公司债务不能清偿的部分承担补充赔偿责任，而且，协助抽逃出资的股东、董事、高级管理人员或公司实际控制人应对此承担连带责任。（3）《公司法司法解释三》第16条规定，股东抽逃出资，公司有权根据章程或股东会决议对其利润分配、新股优先认购、剩余财产分配等股东权利作相应的合理限制。《公司法司法解释三》第17条规定，公司催告股东返还出资，股东在合理期限内仍未返还的，公司有权以股东会决议解除该股东的股东资格。

当然，公司成立后股东不得抽逃出资，不等于股东不能从公司撤回投资。股东若要撤回在公司的投资，应按法律规定允许的方式实现资本撤回。根据《公司法》的规定，股东可以采取股权转让或请求公司收购股权两种方式退出公司。需要注意的是，无论采用何种方式，都应按法律规定程序办理。比如，股东把股权转让给公司以外的人，需要经过公司其他股东过半数同意。而股东请求公司收购股权则需要召开股东会，由代表2/3以上表决权股东通过并编制相关报表，通知债权人；如因公司收购股权导致公司注册资本减少的，应依法办理减资手续。

第二节　企业的变更与终止

1　公司合并或分立需要通知债权人吗？

公司在经营过程中，会根据经营状况调整公司组织架构，合并或分立是常见的调整模式。在合并或分立过程中，公司是否需要通知债权人？

（1）公司合并需要通知债权人。《公司法》第173条规定，公司应当自作出合并决议之日起10日内通知债权人，并在30日内在报纸上公告。一般来讲，对已知债权人，公司应当逐个通知告知，无论债权大小。只有对那些未知的或不能通过普通通知方式告知的债权人才可以通过登报纸公告的方式通知债权人。通知和公告的目的主要是告知公司债权人，以便让他们决定对公司的合并是否提出异议。上述规定是基于保护债权人权利的考虑，因为公司合并后，可能会影响债权人的利益。如果是强强联合，则债权的受偿能力变大，对债权人有利。但如果是强弱合并，强公司的债权人可能会受到负面影响。所以，公司合并后，必须按照法律规定履行通知债权人的手续。

（2）公司分立也需要通知债权人。《公司法》第 175 条规定，公司应当自作出分立决议之日起 10 日内通知债权人，并于 30 日内在报纸上公告。通知的方式与公司合并的通知方式一致。但与公司合并不同的是，对债权人保护方式上，公司合并时债权人享有异议权，而公司分立时没有赋予债权人提出异议的权利。这是因为《公司法》第 176 条规定，公司分立前的债务由分立后的公司承担连带责任，另有约定的除外。因此，公司无论如何分立，债权都能得到与分立前同等的保护。

2 公司合并或者分立后，合并前各方的债权债务、分立前的债务由谁承担？

实践中，每日都在上演公司收购合并的事情，有的是强强联合，有的是弱肉强食，无论是何种形式的公司合并，都是为了扩大规模，提高竞争力。合并后存续的公司或新设立的公司，必然要接受因合并程序而被注销的公司的对外债权债务。而公司在生产经营过程中，难免会对外产生债权债务，对于合并中被注销资格的公司所产生的债权债务将需要有人承继。根据《公司法》第 174 条的规定，公司合并时，合并各方的债权债务，应当由合并后存续的公司或新设立的公司承继。因此，合并后的公司有权对原来公司的债权进行清收，也有义务对原来公司的债务予以清偿。

公司分立会导致原公司的资产减少，而无论是新设分立还是派生分立，分立的公司都有权自主决定公司资产如何分配，包括债权债务的分割，因此，公司有可能将债务分割给一个不具备与债务等值财产的公司，进而损害债权人利益。考虑到对债权人的保护问题，同时又考虑到不能因保护债权人利益而限制对公司分立的自主性，《公司法》第 176 条规定，公司分立前的债务由分立后的公司承担连带责任，但是公司在分立前与债权人就债务清偿达成的书面协议另有约定的除外。这意味着，（1）公司分立前的债务应按已达成的书面协议约定执行。该书面约定可以免除其他分立后的公司的清偿责任，债权人一旦与分立公司签订该书面协议，就只能按照协议约定来行使权利，不得再向其他分立的公司主张债权清偿。（2）没有达成书面协议的，公司分立前的债务应由分立后的公司承担连带清偿责任。即债权人可以对分立后的任何一家公司请求偿还债务。

3　公司减少注册资本应履行哪些法定程序？

实践中，公司减少注册资本也是常有之事。在注册资本实行认缴制之后，许多公司盲目将公司注册资本抬高，到后期则需要减少注册资本。还有的公司为了上市而增大注册资本，当上市不成功时又将注册资本减少。不管是何种原因减少注册资本，均必须履行法定程序。

根据《公司法》第 177 条、第 179 条的规定，公司减少注册资本应履行以下法定程序：

（1）编制资产负债表和财产清单。由于公司减少注册资本对公司股东与债权人都影响较大，为了保护股东及债权人，法律规定赋予其知情权，有权了解公司经营状况尤其是财务状况，以便股东作出投票决定，也利于债权人对公司清偿债务或提供担保作出决定。

（2）股东会作出减少注册资本的决议。公司减少注册资本会影响股东的股权结构和股东利益，属于公司重大决策，根据《公司法》第 43 条、第 103 条的规定，有限责任公司应当由股东会作出决议，并经代表 2/3 以上表决权的股东同意，股份有限公司应当由股东大会作出决议，必须经出席会议的股东所持表决权 2/3 以上通过。

（3）向债权人通知和公告。公司应当自减少注册资本的决议作出之日起 10 日内通知已知债权人，并于 30 日内在报纸上公告。这是保护公司债权人利益的程序要求。

（4）变更登记。根据《公司登记管理条例》第 31 条的规定，公司减少注册资本的，应当自公告之日起 45 日内申请变更登记，并应当提交公司在报纸上登载公司减少注册资本公告的有关证明和公司债务清偿或债务担保情况的说明。公司应当向公司登记机关办理减少注册资本的变更登记手续。公司只有办理变更登记手续后，才能获得法律上的承认。

4　公司营业执照被吊销后，还需要办理注销吗？

有些经营者把公司被吊销和注销混为一谈，认为注销公司要清算，手续麻烦且花钱，还不如被市场监督管理机关吊销营业执照省时省力。注销与吊销虽然都是市场主体退出市场的方式，但两者属不同概念，不应混为一谈。

公司经过登记机关核准注销登记后，公司企业法人资格消灭，公司不再存续。而吊销是指企业违反了市场监督管理法规，市场监督管理机关依据国家市场监督管理法规对违法的企业作出的一种行政处罚。比如公司利用公司名义从事危害国家安全、社会公共利益的严重违法行为，将被吊销营业执照。公司营业执照被吊销后，意味着公司被强制取消了营业资格，不能进行经营活动。那么，公司被吊销营业执照后，是否就可以不管不问了？答案是否定的。因为吊销只是取缔了公司的经营活动资格，但企业仍是存在的。公司被吊销营业执照后，其企业法人人格仍然存续，可以以自己的名义进行诉讼活动。公司被吊销营业执照后不注销的，投资者将会承担因公司主体存续期间而需投资者承担的责任，比如法定代表人被限制高消费等。

当公司被吊销营业执照后，企业应当依法在被吊销营业执照之日起 15 日内成立清算组进行清算。在清算程序结束并办理工商注销登记手续后，该公司的企业法人才归于消灭。根据《公司登记管理条例》第 42 条规定，公司被吊销营业执照的，公司清算组应自公司清算结束之日起 30 日内向原公司登记机关申请注销登记。公司申请注销登记应提交公司清算组负责人签署的注销登记申请书，行政机关责令关闭或公司被撤销的文件，股东会、股东大会、一人有限责任公司的股东备案、确认的清算报告，营业执照等文件。

5 公司可以不经清算就办理注销登记吗?

有些投资者为了图省事，或逃避债务，未经清算直接办理注销登记手续，有的投资者甚至向市场监督管理机关提交虚假清算报告，骗取注销登记手续。这些行为不仅违反法律规定，还为投资者带来极大风险。

《公司法》第 188 条规定，公司应当在清算结束后，由清算组制作清算报告，报股东（大）会，并报送公司登记机关后才可申请注销公司登记。公司依据法律规定和法定程序进行清算并办理注销的，股东有限责任才能得以保护。也就是说，在公司依法注销后，其企业法人归于消灭，而即使公司对外尚有债务未清偿，且因为公司没有财产而不能清偿时，股东也无需在出资范围外对公司的未清偿债务承担连带责任。这是股东有限责任的应有之义。

但是，公司未经清算而办理企业法人注销登记，债权人有权主张有限责任公司的股东、股份有限公司的董事和控股股东以及公司实际控制人承担相应赔偿责任。如公司未经清算，而以虚假的清算报告骗取公司登记机关办理企业法人注销登记，债权人将有权主张有限责任公司的股东、股份有限公司的董事和控股股东以及公司实际控制人承担相应赔偿责任。此情形下，法律不再保护股东有限责任，股东应承担的责任将超出其投资到公司的出资范围。

因此，投资者在作出注销公司决定时，应当对公司进行如实清算，切勿为了省事不经清算而径行注销公司。

6 公司解散后怎么自行清算？

公司解散是指已登记成立的公司因公司章程或法定事由的出现而停止对外经营活动，开始清算，使公司法人资格消灭的法律行为。公司解散虽然会导致企业法人资格的消灭，但离真正的人格消灭还有一个过程，即清算并注销。有些投资者往往忽略了清算过程，以为公司解散了公司即消灭，这是错误的认识。

根据《公司法》规定，公司解散后应进行清算。公司自行清算的程序如下：

（1）成立清算组。公司应在解散事由出现之日起15日内成立清算组，开始清算。有限责任公司的清算组由全体股东组成，股份有限公司的清算组由董事会或股东大会确定的人员组成。清算组应自成立之日起10日内将清算组成员、清算组负责人名单向公司登记机关备案。

（2）清算组接管公司。清算组依法从公司法定代表人处接管公司。公司应协助事项包括移交公司公章交由专人保管、填写债权债务清单、填写资产清单，提供员工花名册、合同、财务账册资料等，以便清算组进行清算工作。

（3）清算公告及债权登记。清算组应自成立之日起10日内书面通知全体已知债权人，并于60日内在报纸上公告。债权人应当自接到通知书之日起30日内，未接到通知书的自公告之日起45日内，向清算组申报债权。

清算组发出的书面通知及清算公告，应包括公司名称、住所地、清算原因、清算开始日期、申报债权期限、清算组的组成、通信地址等内容。清算组需根据公司规模和经营地域范围在全国或公司注册登记地省级有影响的报纸上进行公告。

债权人申报债权时，应当说明债权的有关情况，并提供证明材料。清算组应当对债权进行登记，并待债权核定后，将核定结果书面通知债权人。

（4）清理公司资产。清算组应核定公司资产状况，包括公司使用厂房及土地使用权的权属、机器设备、存款、现金、成品、半成品、原材料，公司对外享有债权、对外投资收益，商标权、专利权等。

（5）核定公司债务。清算组应清点公司债务，应根据清点情况制作资产负债表、财产清单。公司债务一般包括银行贷款、对外应付货款、应付工人工资、未缴交税金等。

（6）处理与清算有关的公司未了结业务。清算组应处理与清算有关的公司未了结的业务。该业务是指公司解散前已经订立、目前尚在履行中的合同事项等。在处理此业务时，清算组应以合法、保护公司和债权人利益、尽快了结为原则。

（7）参与公司诉讼活动。清算组应参与公司的诉讼活动。清算组可以推选一人至二人代表公司参与诉讼，也可以委托律师作为代理人参与诉讼。

（8）制定清算方案，通过后实施。清算组在清理公司财产、编制资产负债表和财产清单后，应当编制清算方案。清算方案应写明债权人姓名或名称、债权数额、清偿数额及清偿办法，并报股东（大）会确认。清算方案涉及的公司债务，应按法律规定的清偿顺序清偿。如公司财产不足以清偿公司债务，应向法院申请宣告破产。

股东（大）会对清算方案进行表决，必须经出席会议的股东所持表决权的半数以上通过。清算方案通过后，清算组即可按清算方案执行。

（9）提交清算报告。清算工作结束后，清算组应制作清算报告，报股东（大）会确认。

（10）注销登记。清算组在清算报告得到确认后，应将清算报告报送公司登记机关，并申请注销登记，公告公司终止。

7 公司在破产前后，可以对个别债权人进行清偿吗？

公司破产退出市场，有利于股东有限责任的落实，保护投资者权益，也有利于提高市场活力，促进市场优胜劣汰和资源优化配置。因此，公司在出现资不抵债时可以申请破产。但在经营过程中，免不了要对外清偿债务，公司在临近破产时或者申请破产后，能否同以往一样对外清偿债务？

根据《企业破产法》第 16 条的规定，法院受理破产申请后，债务人不能对个别债权人的债务清偿。这是因为在法院受理破产申请后，债务人的财产如果减少，将影响每个债权人的权益。在清偿时，同一顺序的债权人地位平等，按各自的债权数额所占比例进行清偿。如在受理破产申请后允许债务人对个别债权人的债权予以清偿，则会造成个别债权人与其他债权人实际受偿不平等，使得个别债权人获得全部或大部分的清偿，而其他债权人的债权则较少得到清偿或得不到清偿。

那么，在法院受理破产申请前，是否可以进行个别债权人的清偿呢？一般情况下，债务人对外清偿债务，属于其意思自治，应属有效。但《企业破产法》第 31 条、第 32 条规定两种情况下债务人对个别债权人的债务进行清偿，管理人有权请求法院予以撤销：

（1）在法院受理破产申请前 6 个月内，债务人出现了资产不足以清偿全部债务或明显缺乏清偿能力的情形，仍对个别债权人清偿的。因为此种行为会损害其他债权人利益，所以这种情况下不应当个别清偿，管理人有权请求予以撤销。但是，个别清偿能使债务人财产受益的除外，这是因为该种行为实质上也有利于债权人权利的保护。

（2）在法院受理破产申请前一年内，债务人对未到期的债务提前清偿的。这是因为债务人提前清偿部分债权实际上给予了这部分债权优先于普通债权的地位，造成个别债权与其他普通债权地位不平进而出现清偿不公现象。

8 企业申请破产后需要支出哪些破产费用?

《企业破产法》第 41 条规定，法院受理破产申请后发生的下列费用为破产费用：

（1）破产案件的诉讼费用。诉讼费用包括案件受理费用和其他诉讼费用。根据《诉讼费用交纳办法》第 14 条的规定，破产案件，按照破产企业财产总值计算，依照财产案件收费标准减半交纳，但最高不超过 30 万元。

（2）管理、变价和分配债务人财产的费用。这里包括：①债务人财产保管费用，比如雇用看管人员的劳动报酬、租用存放场地的租金等。②债务人财产保养、维修费用，比如为保证设备、车辆等变现价值不受影响而支出的保养维修费用。③债务人财产保险费，比如为避免火灾等情况造成债务人财产损毁而支出的财产保险费用。④债务人财产评估、拍卖费用，比如为避免低价处理债务人财产而支出的评估、拍卖费用。⑤债务人财产运输费用等。

（3）管理人执行职务的费用、报酬和聘用工作人员的费用。这主要包含三个方面：①管理人执行职务的费用。管理人在开展破产工作时需要支出一定的费用，比如差旅费、调查费、通信费等。②管理人执行职务的报酬。管理人的报酬，由法院根据《最高人民法院关于审理企业破产案件确定管理人报酬的规定》，结合管理人工作确定管理人报酬。③管理人聘用工作人员的费用。根据《企业破产法》第 28 条规定，管理人经法院许可，可以聘用必要的工作人员。因此，对于经法院许可而聘请的工作人员所产生的费用，也应纳入破产费用内。

企业的破产财产优先清偿上述破产费用后，尚有剩余时，才可依据《企业破产法》第 113 条的规定顺序作下一步清偿。

9　约定合伙期限的合伙企业，合伙人在什么情况下可以退伙？

与公司相比，合伙企业更为注重人合性，合伙企业事务需由合伙人共同决定。所以，一般情况下，合伙企业的合伙人一旦签订了有期限的合伙协议，就不能随意退伙，否则会影响合伙企业的经营。只有在少数情况下，合伙人才能退伙。

根据《合伙企业法》第 45 条的规定，合伙人出现以下情形之一，可以声明退伙：

（1）合伙协议约定的退伙事由出现。合伙人可以通过合伙协议约定入伙，也可以通过合伙协议约定当某种事由出现时，合伙人可以退伙。

（2）经全体合伙人一致同意。合伙企业属于典型的人合性组织，合伙企业的各大重要事项须得到全体合伙人同意才能执行。而合伙人退伙，影响着合伙企业的存续基础，也影响着合伙企业的债务分担、利润分配等事项，涉及每个合伙人的重大利益。因此，合伙人退伙必须经全体合伙人同意。

（3）发生合伙人难以继续参加合伙的事由。如上所述，合伙企业是人合性较强的组织，普通合伙人直接参与合伙企业的生产经营活动。合伙人出现难以继续参加合伙的事由，比如患有重大疾病、被判处刑罚等，将影响合伙人参与合伙，也影响合伙企业的正常运行。因此，当出现此情形时，合伙人可以退伙。

（4）其他合伙人严重违反合伙协议约定的义务。合伙协议是合伙人自愿签订，承诺共同出资和经营，共负盈亏和风险的约定。合伙企业的存在与发展是建立在合伙人之间的人身依赖基础上的。因此，当合伙人严重违反合伙协议而影响其他合伙人的合伙利益时，比如违反合伙企业事务实行规定、违反竞业禁止规定等，合伙人可以退伙。

10 未约定合伙期限的合伙企业，合伙人在什么情况下可以退伙？

实践中，在意思自治的前提下，合伙人可以约定合伙企业经营期限，也可以不约定合伙企业经营期限，这由合伙人自行决定。合伙协议未约定合伙企业经营期限的，合伙人可以随时退伙。这是法律对合伙人意思自治的尊重。

但合伙企业未约定合伙期限的情况下，合伙人退伙并非不受限制，需要符合一定的条件和程序：

第一，合伙人退伙不得给合伙企业事务执行造成不利影响。这是退伙的实质性条件。与公司相比，合伙企业的合伙人直接参与企业生产经营管理，需要有更强的人合性、稳定性和经营直接性。合伙人退出或变动可能对合伙企业的生产经营造成一定影响。因此，只有在合伙人退伙不给合伙企业事务执行造成不利影响的情况下，合伙人才能退伙。

第二，合伙人退伙应当提前30日通知其他合伙人。这是退伙的程序性条件。法律规定合伙人退伙必须提前30日通知其他合伙人，这主要是考虑到应方便其他合伙人能够及时就该合伙企业继续存续事宜作出安排，也方便合伙企业对合伙人退伙问题作出相应安排。比如合伙人退伙时需要对合伙企业的经营利润、债权债务问题作处理。

第二章

企业管理

第一节 出资人、股东、合伙人的权利与义务

1 发起人为设立公司而以自己名义对外签订合同，由谁承担合同责任？

根据《公司法司法解释三》第 1 条的规定，发起人是指为设立公司而签署公司章程、向公司认购出资或股份并履行公司设立职责的人，包括有限责任公司设立时的股东。公司设立需要经过一系列法律行为，包括公司成立前为组建公司而进行的活动。在设立公司过程中，因设立中的公司不具备完全的民事主体资格，不便以设立中公司的名义对外享有权利、承担义务。因此，常常出现以发起人自己名义对外签订合同的情形，比如以发起人名义向出租人签订厂房租赁合同、水费合同、电费合同等。

根据合同相对性原理，发起人为设立公司而以自己名义对外签订合同，合同相对人只能请求该发起人承担合同责任，而不能请求其他发起人或设立后的公司承担合同责任。此时，该

发起人不得以签订合同是为设立公司为由对抗合同相对人。但公司在成立后对前述合同予以确认，或已实际享有合同权利或履行合同义务的，合同相对人有权请求公司承担合同责任。公司一旦确认合同后不得撤回，合同相对人即可享有选择权，选择由该发起人或由公司承担合同责任。合同相对人一旦作出选择，不得进行变更。

因此，发起人为设立公司而以自己名义对外签订合同前，应事先获得全体发起人对合同责任承担方式的同意，以及关于在公司成立后由公司明示承担合同责任或由公司直接享有合同权利承担合同义务的约定，以避免自己成为承担合同责任的唯一主体。

2 公司资产是全体股东的共同财产吗？

实践中，许多投资者认为其出资设立公司，所以公司的资产就是股东的财产。这是一个极大的误区。因为公司是企业法人，具有独立的民事权利能力和民事行为能力，依法独立享有民事权利和承担民事责任。这决定了公司必须有自己独立的财产，享有公司法人财产权，包括物权、知识产权、债权和对外投资的股权，等等。公司有自己独立的财产是公司能够自主经营、自负盈亏、对外独立承担责任的物质基础。

根据《公司法》对公司的界定，投资者一旦出资，其出资的财产所有权即转移至公司，以所有权换取公司的股权，成为公司股东。此时，出资的财产成为公司所有，不再是股东名下的财产，公司以股东出资的财产以及经营过程中所得财产承担民事责任。相应地，股东也因此而对公司承担有限责任，股东以其全部投资为限对公司债务承担责任。即当公司出现资不抵债，将进入破产清算时，仅以公司自身的资产清偿对外债务，股东在公司规范经营的情况下无需以个人的财产对公司债务承担清偿责任。

由于公司资产与股东的共同财产相互独立，当股东从公司处取走财物时，将会损害公司利益，股东应向公司承担损害赔偿责任，严重时可能涉及刑事犯罪。实务中一种常见现象是，股东以其个人开设的银行账号收取公司货款或为公司对外支付货款，该私人开设的银行账户既用于公司也用于个人，这将造成公司财产与股东个人财产混同。有些甚至无视公司的独立主体地位，将公司视为股东对外经营的一种手段。此时，公司人格已不复存在，股东存在滥用股东有限责任的情形。当出现以上公司与股东财产混同、股东滥用其有限责任两种情形进而损害公司利益时，股东将需要对公司债务承担连带清偿责任。

3 股权可以随意转让吗？

有限责任公司的股东自愿向他人转让其持有公司的股权，可以向公司其他股东转让，也可以向公司股东以外的人转让。针对这两种不同情况，《公司法》对股权转让程序作出了不同规定。

（1）股东之间可以自由转让股权。有限责任公司股东向该公司的其他股东转让股权，无论是转让全部股权还是转让部分股权，只会引起股东持股比例的变化，不会有新的股东产生，即其他股东间的伙伴关系不会因此受影响，故法律没有对此情形的股权转让作出任何限制。

（2）向公司股东以外的人转让股权应遵守法定程序。向公司股东以外的人转让股权，将出现新股东进入公司的情况，考虑到有限责任公司较强的人合性问题，法律规定只有在拟转让股东以外的其他股东中有超过一半的股东同意，其才能向股东以外的人转让股权。拟转让股权的股东应就其股权转让事项书面通知其他股东征求同意，其他股东自接到书面通知之日起满30日未答复，视为同意转让。其他股东半数以上不同意转让的，不同意的股东应当购买该转让的股权，不购买的，视为同意转让。此外，其他股东在同等条件下有优先购买权。为了维系现有股东之间的人合性，法律规定现有股东在同等条件下，其他股东，包括同意该项转让的股东和不同意该项转让的股东都有优先购买权。

（3）公司章程可以对股东自愿转让股权另行规定。考虑到股权转让行为是一种商事行为，应当尊重当事人的意思，但公司章程另有规定的从其规定。当公司章程对股权转让作出了不同于前述情形的规定时，应当依照公司章程规定执行。比如，公司章程规定“对外转让股权必须经其他全体股东同意”“对外转让股权必须经其他三分之一股东同意”，这些规定与公司法规定相比，或较为严格，或较为宽松，但均是对股权转让的限制性规定，具有法律效力。公司可以在公司章程中作出符合自身发展需求的特别规定。但公司章程的规定不能违反法律强制性规定和法律原则，可以限制股东对外转让股权的条件，但不可禁止股东对外转让股权的权利。

4 股东资格可以继承吗？

《民法典》第124条规定，自然人合法的私有财产，可以依法继承。股东资格作为基于股东财产权产生的身份权，是否可以依法继承，《公司法》第75条对有限责任公司自然人股东资格继承问题作出了规定，即自然人股东死亡后，其合法继承人可以继承股东资格，同时，也允许公司章程作出其他安排。这意味着，一般情况下，有限责任公司的自然人股东的合法继承人可以继承其股东资格，而并非仅对股东财产权的继承。股东的身份权会随着其财产权一并由继承人继承。但考虑到有限责任公司具有较强人合性，股东之间的合作基于相互间的信任。自然人股东死亡后，股东不一定愿意与继承人合作，比如继承人年老体弱、智力低下、品行不高等，如允许继承人直接成为公司股东，将引起股东之间的纠纷，严重时将产生公司经营僵局，不利于股东之间的合作和公司运行发展。为此，法律允许公司章程另行作出规定以解决股东资格继承问题。比如，公司章程规定，当股东不同意某人继承已死亡的股东的资格时，可以采取股权转让的办法处理股权继承问题等。公司章程一旦作出此规定，自然人股东的继承人将不能当然成为公司股东。由此可见，当公司章程没有禁止股东资格继承的规定时，已死亡股东的继承人有权继承股东资格，继承人自被继承人死亡时开始享有股东资格。

需要注意的是，《公司法》仅对有限责任公司股权继承作出了特别规定，而没有在股份有限公司章节中规定。股份有限公司的股权继承是当然继承，因为股份有限公司只具有资合性，不存在股份继承的障碍问题。

5　公司可以收购本公司股份吗?

《公司法》第142条规定，一般情况下，公司不得收购本公司股份，这里所讲的公司是指股份有限公司。公司发行股份以筹集资金，为独立的企业法人，公司回购股份将减少公司资产，应属极少发生的情形。法律规定股份有限公司不得收购本公司股份的原因主要是：第一，公司与股东是不同的法律主体，公司如收购本公司股份，意味着公司成为股东，具有双重身份，使公司和其他股东权益受到破坏，侵害其他股东权益。比如公司在经营陷入危机时通过回购使部分股东脱险，而公司与高级管理人员掌握内幕信息，在回购股份时也容易出现内幕交易、操纵市场等行为。第二，股份有限公司要遵守股本维持原则，即公司在存续期间必须经常维持与已发行股本总额相当的现实财产。而公司回购股份必然造成公司现实财产的减少，可能损害债权人权益。

但存在例外情况：（1）公司为减少资本而注销股份时可以回购。公司发展到一定时期，会因各种原因，比如资本过多，公司资本与现有财产不平衡、亏损过大等，为了使资本与财产相平衡，需要减少注册资本以确保公司资本真实性。（2）与持有本公司股份的其他公司合并时可以回购。当公司与拥有本公司股份的其他公司合并时，被合并的其他公司的资产都归属于本公司，也包括其他公司所持有的本公司的股份，形成股份回购。（3）将股份奖励给本公司职工时可以回购。这主要是考虑调动职工生产积极性的创造力，给予职工一定的持股计划，这将有利于公司发展，促进股价提升，维护股东利益，也对员工形成激励。（4）股东因对股东大会作出的公司合并、分立决议持有异议，要求公司收购其股份时，可以回购。这是从维护股东权益出发作出的规定。（5）将股份用于转换上市公司发行的可转换为股票的公司债券时可以回购。上市公司为转换可转债的需要而回购股份，有利于股东和可转债券持有人的利益。（6）上市公司为维护公司价值及股东权益所必需时可以回购。

6 公司不分红，股东该怎么办？

股东分红权是股东各项权利的核心，是股东从公司净利润中分得投资收益的权利。任何人不得非法限制或剥夺股东该项权利。但《公司法》第20条规定股东应当依据法律、行政法规和公司章程规定行使股东权利，不得滥用股东权利损害公司或其他股东的利益。因此，股东在取得分红时应依据法律规定的程序，不得借分红之机侵害公司财产，损害公司利益。

根据《公司法》第166条的规定，公司在弥补亏损、缴纳各种税款并提取法定公积金、任意公积金后的盈余，为公司可以向股东分红的利润。此时，公司可召开股东会决定分红。这意味着分红需要公司确有盈利，并在提取各种法定款项后有可分配的利润，经得股东会决议同意。股东应严格依据上述规定取得分红，否则将可能违反法律规定而导致分红决议无效进而无法获得分红。

但与股东滥用权利谋取不当分红的情况相反的是，在某种情况下，公司在符合上述法律规定具备分红条件时，依然不分红。比如大股东希望将可分配利润继续留存公司，以扩大公司经营规模，小股东却希望分红。此时，小股东可以视情况而采取以下行为：（1）要求股东会对分红进行决议。（2）如分红决议通过但公司不执行，股东可提起诉讼，请求公司执行分红决议，向股东支付分红。（3）公司连续5年不向股东分配利润，而该公司5年连续盈利，并且符合法律规定的分配利润条件的，对股东会关于不分配红利决议投反对票的股东可以请求公司以合理价格收购其股权。如自股东会决议通过之日起60日内，股东与公司不能达成股权收购协议的，股东可以自股东会决议通过之日起90日内提起诉讼，请求公司收购其股权。

7 股东转让股权后需要办理变更登记吗?

司法实践中，有部分有限责任公司的股东将其股权转让给他人，基于对对方的信赖，只签订书面转让合同，但没有办理变更登记，也没有办理公司内部的股东变更。当双方因为履行股权转让合同产生纠纷时，出让方和受让人均难以保护各自的合法权益。

《公司登记管理条例》第9条规定，公司登记事项包括：名称、住所、法定代表人姓名、注册资本、公司类型、经营范围、营业期限、有限责任公司股东或股份有限公司发起人姓名或名称。因此，并非所有股权转让行为均需要办理变更登记。

根据上述条例规定，股权转让需要进行变更登记的情形有：(1) 有限责任公司股东向公司股东以外的人转让股权，由此产生新股东时，应当自变更之日起30日内申请变更登记，并应提交新股东的主体资格证明或自然人身份证明。(2) 有限责任公司的自然人股东死亡后，其合法继承人继承股东资格时，应当自变更之日起30日内申请变更登记，并应提交新股东的主体资格证明或自然人身份证明。

而股权转让无需进行工商登记的情形有：(1) 有限责任公司股东之间的股权转让。因不引起股东名称变化，无需办理工商变更登记。(2) 非上市股份有限公司的股权转让。因非上市股份有限公司股权转让不在《公司登记管理条例》规定的公司登记事项中，不属于变更登记范围。

需要注意的是，无论是需要办理变更登记还是不需要办理变更登记，股东在转让股权时除了订立股权转让合同外，还需要在公司处备案，包括股东名称、持股比例等变更信息，以防止股东因履行股权转让合同而与公司产生其他的纠纷，影响股东权利的行使。

8 有限责任公司的股东可以从公司取走财产吗?

实践中，很多股东认为自己投资的企业属于自己的财产，从公司取走财产属于正当处分行为，却不知其对公司财产的任意私分、侵占等属于违法行为，严重时可能涉嫌职务侵占犯罪。有限责任公司与股东是独立的民事主体，公司财产应当独立于股东个人财产，股东不得直接将公司财产进行私用，也不得将公司财产予以混用。

《公司法》第3条规定，公司有独立的法人财产，享有法人财产权，公司以其全部财产对公司的债务承担责任。股东依法享有资产收益、参与重大决策和选择管理者等权利。股东应依法行使股东权利，不得滥用股东权利损害公司或其他股东的利益，不得滥用公司法人独立地位和股东有限责任损害公司债权人利益。股东从公司处取得财产的合法途径主要是分红。只有经过法律规定程序，股东才能合法取得分红。股东以其他方式（比如挪用、走私账等）从公司取走财产属于损害公司利益，应当承担赔偿责任。当股东为了逃避债务而将公司财产占为己有，严重损害公司债权人利益时，股东还需对公司债务承担连带责任。

股东该如何通过法定程序合法取得分红？公司在弥补亏损、缴纳各种税款，并提取法定公积金、任意公积金后，尚有盈余的，可以召开股东会决定分红。此时，股东可以根据股东会决议内容向公司提请利润分配。此外，为避免公司财产被股东私用或混用，公司应成立独立的财务部门，建立规范的财务会计制度，严格区分股东和公司的各项收支，定期对公司账目进行审计等。

9 公司的法定代表人以公司名义对外提供担保是否有效？

实践中，有些公司法定代表人掌管公司公章，可以随便在担保合同上加盖公章。这些行为有些是经过公司股东（大）会等决议的同意的，有些是法定代表人利用职权便利私自而为。当法定代表人未经过公司同意而私自在担保合同上加盖公司印章时，如认定该担保有效，则会使公司遭受损失。但如果认定无效，则不能保护善意的债权人利益。

为防止公司法定代表人随意代表公司为他人提供担保而给公司造成损失，《公司法》第16条对公司对外担保决议程序作出了规定。该条规定，公司法定代表人对外提供担保必须经公司股东会、董事会等机关的决议作为授权来源，而不能仅以法定代表人个人意志而作出。如法定代表人未经合法授权而擅自以公司名义为他人提供担保的，构成越权代表。2021年1月1日起施行的《最高人民法院关于适用〈中华人民共和国民法典〉有关担保制度的解释》（以下简称《民法典担保制度司法解释》）对公司法定代表人超越权限代表公司与相对人订立的担保合同效力作出了明确具体的规定。根据《民法典担保制度司法解释》第7条规定，公司的法定代表人违反《公司法》关于公司对外担保决议程序的规定，超越权限代表公司与相对人订立担保合同的效力，应依照《民法典》第61条和第504条等规定，以相对人是善意还是非善意作出区分处理。相对人善意的，担保合同对公司发生效力；相对人非善意的，担保合同对公司不发生效力。因此，在订立担保合同时，建议如下：

（1）作为担保人，建议在公司章程中明确规定公司提供担保的决策机构、决策程序以及担保数额限制，应明确公司对外提供担保由股东会还是董事会决议通过。

（2）作为债权人，应对相关公司决议进行合理审查。债权人在订立担保合同时应要求作为担保人的公司提供公司章程，债权人应审查章程对担保事项的规定，并要求担保人按照公司章程规定作出相关公司对外担保的决议文件。如公司章程未对担保作特别规定，则要求作为担保人的公司出具同意公司对外担保的股东会决议。如法定代表人未能提供上述文件，则建议债权人与债务人协商更换担保人或担保方式。

10 公司可以利用股东个人账户收付款吗？

公司经营过程中，经常出现公司使用股东个人账户代收代付公司款项，有时该账户由公司固定财务人员操作，股东个人并未使用，而有时账户既由公司使用，又由个人使用。上述现象常见于一人有限公司或规模较小的有限责任公司。公司利用股东个人账户进行资金往来存在以下法律风险：

（1）《公司法》第20条规定，公司股东不得滥用公司独立地位和股东有限责任以损害公司债权人利益。当股东滥用公司独立法人地位和股东有限责任，逃避债务，损害公司债权人利益时，股东应对公司债务承担连带责任。股东个人账户由公司与股东个人同时使用，容易出现公司财产与股东个人财产混同，属于公司人格与股东人格混同。此时，股东个人将面临对公司债务承担连带责任的风险。

(2) 公司利用股东个人账户进行资金往来，比较常见的目的是避税。当税务机关发现公司利用股东个人账户进行偷税时，公司与股东将面临行政处罚，严重时可能涉嫌刑事犯罪。

(3) 我国实行银行账户实名制，一般情况下，账户名义人即为账户资金的所有权人。公司使用股东个人账户支取款项，无法保证公司财产的独立性。此外，当股东个人账户被盗用时，股东将无法举证证明该个人账户仅为股东个人使用并证明个人账户被公司以外的他人盗刷，从而面临败诉风险。

11 有限责任公司可以随意召开股东会吗？

有限责任公司股东会的召开，必须符合《公司法》关于股东会会议召集和主持、通知、表决的规定，公司股东会的会议召集程序、表决方式违反法律、行政法规或公司章程规定的，可能被撤销。《公司法》对于有限责任公司股东会的召开程序作出了规定，具体如下：

(1) 关于召集和主持。有限责任公司股东会的召集与主持规则是，由董事会召集，董事长主持；如有限责任公司不设董事会的，则由执行董事召集和主持。如董事长因生病、出差在外等客观原因导致无法履行职务，或董事长以其他理由或根本没有理由而不履行职务时，可由副董事长主持；同理，如副董事长不能履行职务或不履行职务时，由过半数以上董事长共同推举一名董事主持。实务中，还存在大股东担任董事长，而大股东为自身利益，不配合召集、主持董事会，进而不召集股东会会议的情形。而当公司经营决策层出现问题，难以正常发挥作用时，也会出现董事会无法召集和主持股东会会议的情形。为避免公司陷入僵局，当董事会不召集股东会时，由监事会或不设监事会的公司监事召集和主持；监事会或监事不召集和主持的，由代表1/10以上表决权的股东自行召集和主持。必须注意的是，股东会会议的召集和主持的次序，必须按法律规定顺序进行，只有前一顺序的机构或主体不履行或不能履行职责时，下一顺序的机构或主体才能召集和主持。

（2）关于通知。因股东会将讨论公司重大决策问题，因此须提前告知股东有关会议事项，使其能提前安排时间和准备会议材料。根据《公司法》第41条规定，应在股东会会议召开15日前通知全体股东，通知主体应当是召集股东会的主体。对于通知的要求，①必须提前通知，否则股东会可能因未提前通知股东而被依法撤销；②必须通知到全体股东，即股东名册上记载的全体股东；③通知可以采取书面形式，也可以采取电话通知、当面口述等口头方式，也可以采取邮件通知方式，对于通知的方式，法律没有作禁止性规定；④公司章程可对通知进行自由约定。

（3）关于表决。股东会决议是股东表达自己对公司经营决策意向的场所，股东在股东会上拥有股东表决权，可以基于投资者的法律地位对公司经营决策事项表示同意、不同意或放弃发表意见。股东会原则上以认缴出资比例为表决权基础。股东的表决权，应根据股东对公司认缴的出资及该出资占公司注册资本的比例而决定。同时，为了充分体现公司自治原则，法律规定公司章程另有规定的除外，即股东可以通过公司章程作出不以出资比例行使表决权的规定，并以此规定执行。

12 合伙企业的哪些事项应当经全体合伙人一致同意？

根据《合伙企业法》相关规定，合伙企业以下事项应当经全体合伙人一致同意：

（1）合伙协议的订立依法由全体合伙人协商一致。合伙协议的修改或补充，原则上应当经全体合伙人一致同意，但合伙协议另有约定的除外。

（2）合伙人向合伙人以外的人转让其在合伙企业中的全部或部分财产份额，原则上应当经其他合伙人一致同意，但合伙协议另有约定的除外。

（3）合伙人以其在合伙企业中的财产份额出质，须经其他合伙人一致同意，否则出质行为无效。

（4）除合伙协议另有约定外，合伙企业的六种事项应当经全体合伙人一致同意，分别为：①改变合伙企业的名称，②改变合伙企业的经营范围、主要经营场所的地点，③处分合伙企业的不动产，④转让或处分合伙企业的知识产权和其他财产权利，⑤以合伙企业名义为他人提供担保，⑥聘任合伙人以外的人担任合伙企业的经营管理人员。

（5）除合伙协议另有约定或经全体合伙人一致同意外，合伙人不得同本合伙企业进行交易。

（6）新合伙人入伙，除合伙协议另有约定外，应当经全体合伙人一致同意，并订立书面协议。

（7）合伙协议约定合伙期限的，在合伙企业存续期间，经全体合伙人一致同意，合伙人可以退伙。

（8）合伙人被依法认定为无民事行为能力人或限制民事行为能力人，经其他合伙人一致同意，可以转为有限合伙人，普通合伙企业依法转为有限合伙企业。其他合伙人未能一致同意的，该无民事行为能力或限制民事行为能力的合伙人退伙。

（9）合伙人未履行出资义务，或因故意或重大过失给合伙企业造成损失，或执行合伙事务时有不正当行为，或发生合伙协议约定的事由时，经其他合伙人一致同意，可以决议将其除名。

（10）合伙人死亡或被依法宣告死亡，对该合伙人在合伙企业中的财产份额享有合法继承权的继承人，按照合伙协议约定或经全体合伙人一致同意，从继承开始之日起取得合伙人资格。

(11) 除合伙协议另有约定外，普通合伙人转变为有限合伙人，或者有限合伙人转变为普通合伙人，应当经全体合伙人一致同意。

13 新合伙人对入伙前合伙企业的债务承担责任吗?

入伙是指在合伙企业存续期间，非合伙人申请加入合伙企业并取得合伙人资格的法律行为。新合伙人入伙，除合伙协议另有约定外，需要经全体合伙人的一致同意，并订立书面入伙协议。新合伙人与原合伙人享有同等权利，承担同等责任。在订立入伙协议时，原合伙人应当向新合伙人如实告知原合伙企业的经营状况和财务状况。

合伙企业为人合性企业，其事务由全体合伙人共同执行。各合伙人对执行合伙企业事务享有平等的权利，包括合伙企业对外代表权、合伙企业事务执行权、合伙企业事务知悉权、合伙企业账簿查阅权、合伙企业事务表决权、合伙企业利润分配权、合伙企业剩余财产分配权、退伙权等，新合伙人与原合伙人都享有上述权利。

同时，除入伙协议另有约定外，入伙的新合伙人与原合伙人一样，承担认缴出资、合伙企业事务执行、合伙企业竞业禁止、合伙企业亏损分担等义务。合伙企业的一个重要特征是合伙人以其投资到合伙企业的财产及其全部个人财产为合伙企业承担无限连带责任，从而与公司区别开来。合伙人对合伙企业承担无限连带责任具有很大的风险性，合伙企业必须建立在合伙人高度信任的基础上。新合伙人的入伙行为表明其对合伙企业的经营状况及债务状况予以认可，其入伙后将享受合伙企业的财产。在此基础上，新合伙人理应对合伙企业过去的债务同样承担责任。

14 合伙企业发生退伙，债务由谁承担？退伙后还要承担合伙的债务吗？

《合伙企业法》第53条规定，退伙人对基于其退伙前的原因发生的合伙企业债务，承担无限连带责任。合伙企业债务是指合伙企业存续期间，合伙企业因对第三人的行为所产生的相关债务，如合同之债、侵权之债等。合伙人在退伙时，仅需对其退伙前已发生的合伙企业债务承担责任。这是因为合伙人在退伙前对合伙企业享有权益，同时对合伙企业债务也应承担责任。合伙人对退伙前发生的债务承担责任也符合其退伙的意志和利益。此外，退伙人与其他合伙人共同对退伙人退伙前的合伙企业已发生债务承担无限连带责任。合伙企业重要特征之一是合伙人对合伙企业债务承担无限连带责任。无限连带责任是指合伙人除了承担合伙企业债务分到自己名下的份额外，在合伙企业无力偿还债务时，合伙人还有义务代其偿还债务。基于上述分析可知：

（1）全体合伙人对合伙经营产生的对外债务，应负无限连带责任。对合伙企业的债务，应先以合伙企业的财产清偿，当合伙企业的财产不足以清偿时，以合伙人个人财产清偿。

（2）合伙人偿还外债后，对内部债务应按合伙协议的约定分担，合伙协议未约定或约定不明确的，则由合伙人协商决定，协商不成，由合伙人按实缴出资比例分担，无法确定出资比例的，由合伙人平均分担。

（3）对退伙前合伙企业发生的亏损，退伙人退伙时未按上述规定分担合伙企业债务的，退伙人对合伙企业债务仍应承担无限连带责任，退伙人已分担合伙企业债务的，对其退伙时合伙企业财产不足清偿的债务仍应承担无限连带责任。退伙人以个人财产清偿后，有权向其他合伙人追偿。

15　一个合伙人对外执行事务造成合伙企业损失，其他合伙人有责任吗？

该问题主要发生在普通合伙企业中，而普通合伙企业分为一般的普通合伙企业和特殊的普通合伙企业。两种不同形式的普通合伙企业中，合伙人造成合伙企业损失应承担的责任有所不同。

对于一般的普通合伙企业，法律规定合伙人对合伙债务承担无限连带责任，合伙人除了承担合伙企业债务分到自己名下的份额外，还需要对企业其他合伙人名下的债务份额承担连带责任。当其他合伙人无能力偿还其名下债务份额时，自己有义务代其他合伙人偿还债务份额。因此，对外而言，当某一合伙人造成合伙企业损失时，合伙企业的债务需要由全体合伙人承担无限连带责任，其他合伙人除承担分担到自己的份额外，还需要对企业其他合伙人无法偿还的份额承担责任。如该合伙人系因故意或重大过失给合伙企业造成损失，则其他合伙人达成一致意见后，可以将其除名。

对于特殊的普通合伙企业，合伙人对外承担责任的规定有所不同。一个合伙人或数个合伙人因故意或重大过失导致合伙企业对外承担债务的，该合伙人应当承担无限责任或无限连带责任，其他合伙人则以其在合伙企业中的财产份额为限承担责任。考虑到特殊的普通合伙企业特殊性，法律对合伙人的责任形式作出不同规定，否则以专业知识和专门技能为客户提供服务的专业服务机构将难以存续。当合伙人非因故意或重大过失造成合伙企业债务的，则由全体合伙人承担无限连带责任。

第二节　公司董事、监事、高级管理人员的权利和义务

1　有限责任公司可以随意召开董事会吗？

《公司法》对董事会的召开程序作出了规定，如果随意召开公司董事会，董事会的会议召集程序、表决方式违反法律、行政法规或公司章程规定，董事会决议可能被撤销。《公司法》对于有限责任公司董事会的召开程序与表决有如下规定：

（1）董事会召集和主持。董事会作为一个集体行使权力的机构，需要由具体的自然人负责召集和主持会议。一般情况下，董事会会议由董事长召集和主持。但是，实务中经常出现董事长因外出、生病等原因而无法履行职责，或不按要求履行董事长职务，导致董事会会议无法正常召开，进而公司经营决策无法执行。因此，《公司法》第47条规定，当董事长不召集和主持董事会时，副董事长可以直接召集和主持董事会，如副董事长也不召集和主持董事会的，半数以上董事共同选举的董事可以直接召集和主持董事会。因此，当董事长和副董事长不召集

和主持董事会时，董事会也能够通过半数以上董事主张召集，进而保证董事会制度的运行。

（2）董事会议事方式和表决程序。董事会议事方式和表决程序是保证董事会有效进行的重要前提。董事会的议事方式和表决程序规定得越具体、详细以及具有可操作性，越有利于董事会的顺利召开和有效表决。根据《公司法》第 48 条规定，公司董事会的议事方式和表决程序原则上由公司章程规定，但法律有特别规定除外。

（3）表决权行使。与股东会表决权不同，董事会表决权不是按出资比例行使，而是根据人数行使。董事会决议表决，实行一人一票，包括董事长、副董事长在内的董事会成员，每人只有一票投票权。

2 股份有限公司可以随意召开董事会吗?

股份有限公司董事会的召开仍应遵循《公司法》的规定，如果随意召开公司董事会，董事会的会议召集程序、表决方式违反法律、行政法规或公司章程规定，董事会决议可能被撤销。《公司法》对于股份有限公司董事会的召开程序与表决有如下规定：

（1）董事会类型。股份有限公司的董事会分为例行董事会和临时董事会两种。董事会作为公司执行机构，其运行直接影响公司经营情况。董事会如不能顺利召开，将无法进行经营决策并执行公司业务，损害公司和股东合法利益。为避免公司设立后不召开董事会或很少召开董事会的情形出现，《公司法》第110条规定董事会每年度至少应召开两次，即通常所说的例行董事会。当公司经营过程中可能发生影响到公司生存和发展的问题时，代表1/10以上表决权股东、1/3以上董事或监事会，可提议召开临时董事会。

（2）会议通知。《公司法》第110条规定，董事会例行会议应在召开前10天内通知全体董事和监事。而董事会临时会议可以不按照公司章程规定的一般通知方式及通知时间通知董事和监事，但董事长应当在接到提议召开董事会临时会议后10天内，召集和主持董事会会议。

（3）会议举行、投票表决。《公司法》第111条规定：①董事会应有过半数董事出席才可举行。如在董事会通知的时间和地点出席董事会的董事，不足全体董事的一半，董事会会议则不能召开。此时，如继续举行董事会会议，该会议及其决议亦属无效。②董事表决权施行一人一票，董事会作出表决，必须经过全体董事的过半数通过。

（4）董事出席董事会要求。董事是受股东大会信任而被选举出来经营公司财产的，故董事应对股东大会负责。董事应参与董事会并积极发表自己的意见。但如果董事因某种原因无法出席董事会，该董事可委托他人代为出席。但接受委托的人应当为公司董事，而受托董事的权限仅限于书面授权委托书所记载的授权范围。

3 董事长不能主持股东大会，怎么办？

股份有限公司的股东大会是通过会议形式来行使职权，故股东会议能否及时召开关系到股东大会职权的行使。为保证股东大会顺利执行，公司法规定由董事会召集，董事长主持股东大会。由于董事会是公司经营决策和业务执行机构，其决定了公司的许多重大事项，故股东大会会议应当由董事会召集，而股东大会会议的顺利有效进行，在一定程度上有赖于主持人的主持工作。

然而，由于各种主客观原因，董事长可能出现不能履行职责或职务的情形，此时由谁接替主持股东大会工作，直接关系到股东大会的顺利进行。《公司法》规定，在董事会能召集股东大会而董事长不能履职情形下，由副董事长主持，如副董事长也不能履职时，由半数以上董事共同推选一名董事主持。在董事会不能履职召集股东大会的情形下，由监事会及时召集和主持股东大会。在监事会不能召集和主持时，由连续 90 日以上单独或合计持有公司10%以上股份的股东召集和主持。法律通过规定以上法定程序最大限度保障公司股东的权益。

4 董事长可以决定董事的收入吗?

董事会是公司执行机关，负责公司经营活动的管理，包括代表公司对各种业务事项作出意思表示或决策，以及组织实施和贯彻执行这些决策。董事会由股东（大）会选任，对股东会负责。董事会对内管理公司事务，包括执行股东会决议，制定公司年度财务预算方案、决算方案，制定公司利润分配方案和弥补亏损方案等；对外代表公司进行经济活动，比如决定公司经营计划和投资方案。

董事会设董事长一人，可以设副董事长。董事长是董事会的核心组成人员，负责董事会的正常运作。虽然如此，但董事长并不能超越董事会，其职权受到法律的严格限制。根据《公司法》规定，董事长的法定职权包括主持股东会，召集和主持董事会，董事会上的一票表决权以及检查董事会决议的实施情况。

至于收入报酬方面的权力，《公司法》规定董事会可以决定聘任或解聘公司经理及其报酬事项，而未赋予董事长决定董事收入的权力。根据《公司法》第37条、第99条规定，股东会行使选举和更换非由职工代表担任的董事、监事，决定有关董事、监事的报酬事项。董事、监事受股东会委托，故股东会有权更换不合格的董事、监事。至于董事、监事报酬事项，包括数额、支付方式、支付时间等，均由股东会决定。

5 董事长与总经理意见不合，董事长可以解聘总经理吗？

公司总经理是公司高级雇员，是辅助公司业务的执行机关。相对于董事会而言，董事会负责业务经营的决策，而总经理则负责业务经营的执行。《公司法》允许公司任意设立经理。因此，实践中出现公司董事长兼任公司总经理的情形，这在中小规模企业较为常见。从公司经营管理角度出发，董事长与总经理相互分离，有利于避免公司经营者的专权，防止滋生腐败。但当公司董事长与总经理互相分离时，可能出现两者意见不合。此时，董事长是否有权解聘总经理？

在公司管理架构中，董事长与总经理角色不同，职责各异。董事长虽然属于公司高级管理人员，但其职权并非不受限制。《公司法》规定董事会以集体决策方式行使公司的经营管理决策权，董事长是董事会的主持人，只能代表董事会行使法律授予的职权，包括主持股东（大）会、召集和主持董事会会议、检查董事会决议的实施情况、签署公司股票和公司债券。因此，董事长作为董事会选举出来的作为处理董事会事务的人员，无权直接解聘总经理。

虽然如此，但根据《公司法》关于董事会职权的规定，董事会有权决定聘任或解聘公司经理及其报酬事项。董事长可召集董事会会议，由董事会进行决议表决，以此方式任免公司总经理。

6　监事可以担任公司法定代表人吗？是否可以召开股东会？

《公司法》第 51 条第 4 款规定，董事、高级管理人员不得兼任监事。这意味着只有在不是董事会成员，也不是公司高级管理人员的情况下，才能担任公司监事。而根据《公司法》第 13 条规定，公司法定代表人由董事长、执行董事或经理担任。此规定排除了法定代表人由监事担任的情形。而由于董事长、执行董事或经理不得兼任监事，故不存在同时是监事又是董事长、执行董事或经理的情况，进而有利用监事以外的另一重身份担任法定代表人的可能。

《公司法》第 39 条规定股东会会议分为定期会议和临时会议，定期会议是根据公司章程规定在一定时期内必须召开的会议，临时会议是公司章程没有明确规定召开时间，由于出现法定事由而临时召开的一种不定期会议，是基于法定人员的提议而召开的会议。

股东会的召集程序是一种法定程序，具体如下：有限责任公司设立董事会的，股东会会议由董事会召集，如有限责任公司没有设立董事会，则由执行董事召集；当董事会或董事不召集股东会会议，由监事会或不设监事会的公司的监事召集；如监事会或监事不召集，由代表1/10以上表决权的股东自行召集。此外，监事会或不设监事会的公司的监事有权提议召开临时会议，此时，有限责任公司应当按照法定程序召开临时股东会议。

7 公司董事、监事、高级管理人员应当如何履职？

公司董事、监事、高级管理人员由公司选举、委派或聘任产生的，基于公司、股东的信任取得经营管理公司的权力，应当正当行使权力，依法为公司取得最大利益而服务。公司董事、监事、高级管理人员应当遵守法律、行政法规和公司章程规定，对公司负有忠实义务和勤勉义务，不得利用职权收受贿赂或其他非法收入。

何为尽职尽责，《公司法》没有明确定义，但第148条作出了禁止性规定。公司董事、高级管理人员不得有以下行为：

（1）挪用公司资金。董事、高级管理人员利用管理公司的职务便利条件，将公司资金挪作他用，将影响公司资金的正常运用，给公司正常生产经营活动产生不利影响。

（2）将公司资金以个人名义或以其他个人名义开立账户存储。这使公司失去对资金的监管，导致资金流失，影响公司正常生产经营活动。

（3）违反公司章程的规定，未经股东会、股东大会或董事会同意，将公司资金借贷给他人或以公司财产为他人提供担保。该行为未经公司章程规定的程序决策，可能出现利用关联交易等损害公司利益的情形。

（4）违反公司章程的规定或未经股东会、股东大会同意，与公司订立合同或进行交易。该行为未经公司章程规定的程序决策，可能出现利用关联交易等损害公司利益的情形。

（5）未经股东会或股东大会同意，利用职务便利为自己或他人谋取属于公司的商业机会，自营或为他人经营与所任职公司同类的业务。董事、高级管理人员是公司主要管理人员，了解公司商业机会信息，未经股东会或股东大会同意而从事或为他人提供同类业务，与公司构成竞争，可能会损害公司利益。

（6）接受他人与公司交易的佣金归为己有。该行为将导致公司资产流失，损害公司、股东利益，影响公司正常经营活动。

（7）擅自披露公司秘密。董事、高级管理人员是公司主要管理人员，掌握公司商业秘密。如果擅自披露公司秘密，将影响公司正常生产经营活动，损害公司利益。

（8）违反对公司忠实义务的其他行为。这属于兜底条款，为了防止遗漏而作出。

8 公司董事、监事、高级管理人员没有尽职尽责，可能会承担哪些民事责任？

公司董事、监事、高级管理人员负有忠实义务和勤勉义务，当其没有尽职尽责履职时，可能会面临如下民事责任风险：

第一，公司董事、监事、高级管理人员违反《公司法》第148条对公司忠实义务的规定，所得收入应当归公司所有。

第二，《公司法》第149条规定，公司董事、监事、高级管理人员执行公司职务时违反法律、行政法规或公司章程规定，给公司造成损失的，应当承担赔偿责任。此时，应具备四个条件，一是公司董事、监事、高级管理人员对违反法律、行政法规或公司章程存在过错，二是属于执行公司职务的行为，三是给公司造成了损失，四是相关行为与对公司的损害之间存在因果关系。

第三，《企业国有资产法》第71条规定，国家出资企业的董事、监事、高级管理人员有以下行为，造成国有资产损失的，应承担赔偿责任：（1）利用职权收受贿赂或者取得其他非法收入和不当利益的；（2）侵占、挪用企业资产的；（3）在企业改制、财产转让等过程中，违反法律、行政法规和公平交易规则，将企业财产低价转让、低价折股的；（4）违反本法规定与本企业进行交易的；（5）不如实向资产评估机构、会计师事务所提供有关情况和资料，或者与资产评估机构、会计师事务所串通出具虚假资产评估报告、审计报告的；（6）违反法律、行政法规和企业章程规定的决策程序，决定企业重大事项的；（7）有其他违反法律、行政法规和企业章程执行职务行为的。

第四，《公司法司法解释三》第13条规定，股东在增资时未履行或者未全面履行出资义务，董事、高级管理人员未积极履行出资催要职责，公司或其他股东、公司债权人有权请求董事、高级管理人员承担相应责任。

第五，《公司法司法解释三》第14条规定，董事、高级管理人员协助股东抽逃出资，公司或其他股东有权请求抽逃出资的股东向公司返还出资本息，并有权请求董事、高级管理人员对此承担连带责任；公司债权人有权请求抽逃出资的股东在抽逃出资本息范围内对公司债务不能清偿的部分承担补充赔偿责任，并有权请求董事、高级管理人员对此承担连带责任。

第六，《企业破产法》第125条规定，董事、监事或高级管理人员违反忠实义务、勤勉义务，致使所在公司破产的，依法承担民事责任。

第七，《证券法》第85条规定，信息披露义务人未按规定披露信息，或公告的证券发行文件、定期报告、临时报告及其他信息披露资料存在虚假记载、误导性陈述或重大遗漏，致使投资者在证券交易中遭受损失的，信息披露义务人应当承担赔偿责任，此时，董事、监事、高级管理人员如不能证明自己没有过错，也应当与发行人承担连带赔偿责任。

9 公司的公章应该由谁保管？

公司公章由谁保管的问题，法律没有明确规定。按照《民法典》第61条的规定，依照法律或法人章程的规定，代表法人从事民事活动的负责人，为法人的法定代表人；法定代表人以法人名义从事的民事活动，其法律后果由法人承担。法定代表人承担公司内部经营管理与外部沟通协调的重要责任，按照常理，应当掌控保管公司公章等财物。但公司的公章由谁保管问题属于公司重大决策问题，应由股东（大）会或公司章程规定。一般是根据公司章程的规定授权由谁保管公章，比如有的公司章程规定法定代表人有权决定公司的公章保管人。当公司章程没有规定公司保管问题时，常见的是公司将公章交由法定代表人管理，但当法定代表人是“挂名”时，公司公章一般交由总经理保管。

实务中，较为常见的问题是持有公章的人滥用权利损害公司利益，比如随意加盖公章使公司对外负债，公司为维护自身合法权益需要将公章收回。当公章持有人利用公章损害公司利益时，公司可通过股东（大）会变更或授权公章保管人，从而收回公章。但当公章持有人同时是公司股东时，公司可能面临股东会无法形成有效决议而无法收回公章。因此，建议公司在公司章程中慎重考虑公章保管事宜，并专门制定公司印章管理制度，对公司印章的安全防范、授权限制、使用流程与监督方式等作出明确的、具备可操作性的安排，以防止法定代表人、董事长、总经理等个人专权行为和避免不必要的股东权力斗争发生。

第三节　争议解决

1　企业收到法院传票，可以置之不理吗？

法院传票是指人民法院依法要求当事人在指定的时间和地点到庭参加诉讼活动或者进行其他诉讼行为的法定书面文件。《最高人民法院关于适用〈中华人民共和国民事诉讼法〉的解释》（以下简称《民事诉讼法司法解释》）第227条规定，人民法院适用普通程序审理案件，应当在开庭3日前用传票传唤当事人。因此，法院在开庭3日前要依法向当事人送达传票，传票应当写明案号、案由、当事人名称、传唤事由以及开庭的时间与地点。有的企业收到法院传票后，不知道传票真假，担心被骗不敢应诉。因此，企业收到传票后，如有前述顾虑，可先辨别传票的真假。通常而言，法院向当事人送达传票时会一并送达告知合议庭组成人员通知书等法律文书，有的由书记员电话通知当事人去法院领取传票，有的是经中国邮政特快专递邮寄给当事人。如果确实为法院传票，企业收到后不可置之不理。如果企业作为被告，不按照法院传票载明的时间和地点应诉，将可能产生以下后果：

（1）缺席判决。《民事诉讼法司法解释》第241条规定，被告经传票传唤无正当理由拒不到庭，或者未经法庭许可中途退庭的，人民法院应当按期开庭或者继续开庭审理，对到庭的当事人诉讼请求、双方的诉辩理由以及已经提交的证据及其他诉讼材料进行审理后，可以依法缺席判决。因此，企业被他人诉至法院后，没有正当理由未按照法院传票要求的时间和地点到庭，不利于维护自身合法权益。企业会被法院依法视为放弃答辩、举证质证、辩论等诉讼权利，法院将缺席判决。

（2）被法院拘传。根据《民事诉讼法》第109条的规定，对于必须到庭的被告，经两次传票传唤，无正当理由拒不到庭，法院可以拘传。因此，对于不到庭就无法查清案件事实的企业，如果法院两次传票传唤后，企业无正当理由仍未到庭参加诉讼，法院将采取拘传这一强制措施强制企业到庭。

因此，企业收到法院传票后，切不可置之不理，核实真伪后，应及时到庭应诉，讲清事情经过，提出答辩意见并提供相应证据证明自己的主张，积极与对方沟通，以更好地维护自身合法权益。

2 企业与他人产生争议，应在多长时间内向法院起诉？

企业与他人产生争议，应在多长时间内向法院起诉请求保护自身民事权利，实际上是诉讼时效问题。诉讼时效的目的在于督促权利人在法定期间内及时行使权利，及时维护自身合法权益。《民法典》对诉讼时效作出了明确规定。《民法典》第188条规定，向人民法院请求保护民事权利的诉讼时效期间为3年。法律另有规定的，依照其规定。诉讼时效期间自权利人知道或者应当知道权利受到损害以及义务人之日起计算。法律另有规定的，依照其规定。但是，自权利受到损害之日起超过20年的，人民法院不予保护，有特殊情况的，人民法院可以根据权利人的申请决定延长。第594条规定，因国际货物买卖合同和技术进出口合同争议提起诉讼或者申请仲裁的时效期间为4年。由此可见，当事人向法院起诉请求保护民事权利的诉讼时效期间有三种不同情形：（1）普通诉讼时效，一般民事纠纷的诉讼时效期间为3年。（2）特别诉讼时效，因国际货物买卖合同和技术进出口合同争议提起诉讼的时效期间为4年。（3）最长诉讼时效为20年，自权利受到损害之日起超过20年的，法院将不予保护。

实践中，有的企业与他人产生争议时，由于担心起诉伤和气、影响声誉，不愿到法院起诉主张保护自身权利，很长时间后才最终选择向法院提起民事诉讼，殊不知，此时可能已经超过法定的诉讼时效期间，债务人有权提出抗辩，拒绝履行。因此，对于一般的民事纠纷，企业应自知道或者应当知道权利受到损害以及义务人之日起 3 年内向法院提起诉讼。如果因国际货物买卖合同和技术进出口合同产生争议，企业应自知道或者应当知道权利受到损害以及义务人之日起 4 年内向法院起诉。

如果企业出于种种考虑，暂时不以诉讼方式解决争议，可以采取一些措施引起诉讼时效中断，保留向债务人主张过权利等中断事由的书面证据，这样诉讼时效期间就可以重新计算，可为企业争取更多的时间保护自身合法权益。根据《民法典》第 195 条、《最高人民法院关于审理民事案件适用诉讼时效制度若干问题的规定》第 11 条的规定，企业可采取以下方式来中断诉讼时效：（1）向义务人提出履行请求；（2）要求义务人在还款协议或承诺上签字同意履行义务；（3）提起诉讼或者申请仲裁；（4）申请支付令；（5）申请破产、申报破产债权；（6）为主张权利而申请宣告义务人失踪或死亡；（7）申请诉前财产保全、诉前临时禁令等诉前措施；（8）申请强制执行；（9）申请追加当事人或者被通知参加诉讼；（10）在诉讼中主张抵销；（11）其他与提起诉讼具有同等诉讼时效中断效力的事项。

3 企业在经营过程中与他人产生纠纷，有哪些解决方式？

市场经济活动中，企业在与他人合作、交易时，难免产生纠纷。企业可以采取以下方式解决纠纷，促成交易，及时维护自身合法权益：

（1）和解。《民事诉讼法》第50条规定，双方当事人可以自行和解。和解具有方便、快捷、成本低的优势，可以减少纠纷解决需要的时间和成本。企业与他人产生纠纷时，可以先与对方协商，经协商一致后达成和解协议，以快速解决双方争议。根据《民事诉讼法》及相关司法解释的规定，诉讼中，当事人也可以随时以和解形式解决纠纷。

（2）调解。调解是指双方在第三方主持下，在自愿平等的基础上达成协议的争议解决方式。调解同样具有便捷高效、灵活简易的优势。调解包括法院调解、人民调解委员会等机构调解等。经人民调解委员会调解达成的协议，双方当事人可以自调解协议生效之日起30日内共同向调解组织所在地基层人民法院申请司法确认，由法院进行审查，如果调解协议有效，则经司法确认的调解协议具有强制执行力。如果调解协议无效，双方可以变更调解协议或者达成新的调解协议，也可以向法院起诉。

诉讼中可以在法院主持下达成调解协议，法院依据调解协议制作的调解书，经双方当事人签收后，具有法律效力和强制执行力。

（3）仲裁。仲裁是指当事人自愿达成有效的仲裁协议，由仲裁机构解决纠纷的争议解决方式。我国仲裁实行一裁终局制度，且原则上不公开进行，因此仲裁具有高效便捷、利于保护企业声誉等优点，企业若想采用仲裁方式解决，需与对方达成仲裁协议，明确约定仲裁事项、选定仲裁机构等内容。如果没有仲裁协议，一方申请仲裁，仲裁委员会将不予受理。

仲裁机构作出仲裁裁决后，企业如有证据证明裁决具有《仲裁法》第58条规定的仲裁庭的组成或者仲裁的程序违反法定程序等情形，可以向法院申请撤销仲裁裁决。

（4）诉讼。诉讼是指权利人向有管辖权的法院提起请求保护其利益，由法院作出相应裁判的争议解决方式。诉讼具有权威性和强制性的优势，但诉讼程序周期较长，打官司还需预交诉讼费，耗费大量的财力和精力。

第三章

企业劳动用工

第一节 劳动合同的订立

1 企业的分支机构可以与劳动者签订劳动合同吗?

一些企业因自身发展需要，设立了很多分支机构。比如某公司在多个省份设立了分公司，分公司需要招聘劳动者，分公司能否与劳动者签订劳动合同，是分公司用人过程中普遍面临的问题。

分公司或者分支机构是否能作为用人单位与劳动者订立劳动合同关键要看分公司或者分支机构是否具有用工权。《劳动合同法实施条例》第4条规定,《劳动合同法》规定的用人单位设立的分支机构，依法取得营业执照或者登记证书的，可以作为用人单位与劳动者订立劳动合同；未依法取得营业执照或者登记证书的，受用人单位委托可以与劳动者订立劳动合同。根据该规定，判断分公司是否有用工权，关键是看其是否依法登记，取得营业执照。而只有具备用工权，企业的分支机构才可以直接与员工签订劳动合同。如果企业分支机构不具有用工权，其所签订的劳动合同可能因签订主体资格不合法而无效。具体而言，分公司或者分支机构可以签订劳动合同的情形有两种：(1) 分公司依法登记，取得营业执照，那么将具有用人单位的资格即用工权，可以直接与劳动者签订劳动合同。(2) 分公司没有依法登记，没有取得营业执照，不具有用工权，不能直接与劳动者签订劳动合同。此时，分支机构须得到用人单位的授权才可以与劳动者订立劳动合同。

2 企业能与在校大学生成立劳动关系吗?

近年来，高校和企业对大学生的实践能力要求越来越高，越来越多的大学生去各类企业实习工作。企业与在校大学生之间是否成立劳动关系，要看双方之间的权利义务关系是否符合劳动关系的特征。根据《劳动和社会保障部关于确立劳动关系有关事项的通知》第 1 条的规定，劳动关系通常同时具备以下特征：(1) 用人单位和劳动者符合法律、法规规定的主体资格；(2) 用人单位依法制定的各项劳动规章制度适用于劳动者，劳动者受用人单位的劳动管理，从事用人单位安排的有报酬的劳动；(3) 劳动者提供的劳动是用人单位业务的组成部分。企业与在校大学生之间是否成立劳动关系，要具体问题具体分析：

如果在校大学生利用业务时间勤工助学，与企业并未建立实质意义上的身份隶属关系，故根据《劳动部关于贯彻执行

〈中华人民共和国劳动法〉若干问题的意见》第12条的规定，在校生利用业余时间勤工助学，不视为就业，双方未建立劳动关系。

如果在校大学生即将毕业，且企业知晓该大学生即将毕业的情况，大学生以即将就业为目的，向企业提供持续性的劳动，企业对该大学生进行劳动管理并支付劳动报酬，因双方权利义务关系符合劳动关系的本质特征，此时企业与在校大学生之间成立劳动关系。

3 企业必须与劳动者订立书面劳动协议吗?

企业招聘劳动者后，需与劳动者订立劳动协议。企业是否必须与劳动者订立书面劳动协议，需看具体的用工形式。《劳动合同法》第69条规定，非全日制用工双方当事人可以订立口头协议。这种情形下，企业并非必须与劳动者订立书面劳动协议。但是，如果企业是全日制用工，企业与劳动者一旦达成意向，双方愿意建立劳动关系，企业就应当与劳动者订立书面劳动协议，若仅口头签订劳动协议，法律上是不允许的。

《劳动合同法》第10条规定，建立劳动关系，应当订立书面劳动合同。已建立劳动关系，未同时订立书面劳动合同的，应当自用工之日起一个月内订立书面劳动合同。根据该规定，企业录用劳动者后，必须在一个月准备期内积极主动与劳动者订立书面劳动合同，这是企业的法定义务。除非企业有证据证明无法签订书面劳动合同是劳动者自身原因造成的，否则，企业不签订书面劳动合同可能会面临以下法律风险：

（1）存在向劳动者支付双倍工资的风险。根据《劳动合同法》第 82 条、《劳动合同法实施条例》第 7 条的规定，企业未与劳动者订立书面劳动合同的，自用工之日起满一个月的次日至满一年的前一日向劳动者每月支付二倍的工资。也就是说，企业不仅需要向劳动者支付双倍工资，而且最长需要支付 11 个月的双倍工资。

（2）存在视为已经订立无固定期限劳动合同的风险。根据《劳动合同法实施条例》第 7 条的规定，企业如果超过一年仍未与劳动者签订书面劳动合同，则视为企业自用工之日起满一年的当日已经与劳动者订立无固定期限劳动合同，且应当立即与劳动者补订书面劳动合同。

（3）可能丧失以试用期不合格为由辞退员工的权利。如果企业与劳动者签订了书面劳动合同并约定了试用期，企业就能在试用期内以不符合录用条件为由辞退员工并且不用支付经济补偿金；而如果没有签订书面劳动合同，口头约定的试用期无效，带来的用工风险显而易见。

（4）企业的商业秘密和知识产权不易得到保护。根据《劳动合同法》第23条、第24条、第90条规定，企业可以与劳动者在劳动合同中约定保守企业商业秘密和知识产权的条款；对负有保密义务的劳动者，企业可以在劳动合同或者保密协议中与劳动者约定竞业限制条款，劳动者违反竞业限制约定的，应当按照约定向企业支付违约金。如果未签订书面劳动合同，没有约定保护企业商业秘密或知识产权的相关条款，企业的商业秘密和知识产权将不易得到保护。

4 哪些情况下企业应与劳动者签订无固定期限劳动合同？

无固定期限劳动合同，是指用人单位与劳动者约定无确定终止时间的劳动合同。根据《劳动合同法》第14条的规定，劳动者提出或者同意续订、订立劳动合同的，除劳动者提出订立固定期限劳动合同外，企业应与劳动者签订无固定期限劳动合同。具体有以下几种情形：（1）劳动者在该企业连续工作满10年的；（2）企业初次实行劳动合同制度或者国有企业改制重新订立劳动合同时，劳动者在该企业连续工作满10年且距法定退休年龄不足10年的；（3）连续订立二次固定期限劳动合同，且劳动者没有《劳动合同法》第39条和第40条第1项、第2项规定的情形，续订劳动合同的。此外，如果企业自用工之日起满一年不与劳动者订立书面劳动合同，则自用工之日起满一年的当日视为企业已经与劳动者订立无固定期限劳动合同，企业应当立即与劳动者补签书面劳动合同。

需要注意的是，订立无固定期限劳动合同并不意味着企业就不能解除劳动合同。企业仍可依据《劳动合同法》第 39 条、第 40 条、第 41 条等规定，解除与劳动者之间的无固定期限劳动合同。企业也可以依据《劳动合同法》第 36 条的规定，与劳动者协商解除无固定期限劳动合同，但需支付经济补偿金。因此，企业应依法与劳动者签订无固定期限劳动合同。如果企业逃避与劳动者签订无固定期限劳动合同的责任，根据《劳动合同法》第 82 条的规定，企业自应当订立无固定期限劳动合同之日起向劳动者每月支付二倍的工资。

5 企业为劳动者提供培训，可否与劳动者约定服务期？

为提升劳动者的各项能力，给企业创造更多的价值，很多企业都为劳动者提供培训，并将培训相关事项写进劳动合同中。企业为劳动者支付了培训成本，根据权利义务对等原则，法律允许双方约定劳动者在企业工作的最短年限，也就是服务期。企业通过与劳动者约定服务期，可以约束接受培训的劳动者在服务期届满前，不能随意解除劳动合同，如果劳动者在服务期内解除劳动合同，企业可以依照约定要求劳动者支付违约金。

根据《劳动合同法》第 22 条的规定，并不是企业只要给劳动者提供了培训，就可以与劳动者约定服务期。企业与劳动者约定服务期，需同时满足以下条件：

（1）企业对劳动者提供的是专业技术培训。企业为劳动者提供的培训有一般职业培训、专业技术培训等多种内容。职业培训的内容一般以劳动者从事日常工作所需要的知识、技能为主，而专业技术培训的内容专业化程度更高，可使劳动者胜任更高层次或更加专业的工作。如果企业为劳动者提供的是一般职业培训，则不可与劳动者就培训事项约定服务期。

（2）企业提供了专项培训费用。根据《劳动合同法实施条例》第 16 条的规定，企业为了对劳动者进行专业技术培训而支付的有凭证的培训费用、培训期间的差旅费用以及因培训产生的用于该劳动者的其他直接费用，都属于专项培训费用的范畴。

6 企业与劳动者约定试用期时，需注意哪些事项？

试用期是企业与新招用的劳动者在劳动合同中约定的相互了解的时间。试用期内，企业可以考察劳动者是否符合招录条件，能否适应所从事的工作等。劳动者可以了解企业提供的劳动条件是否符合劳动合同约定的标准，自己能否适应或胜任企业所安排的岗位及工作任务等。但并不是在所有的用工形式中，企业都可以与劳动者约定试用期，根据《劳动合同法》第 70 条的规定，非全日制用工形式中，企业与劳动者不得约定试用期。全日制用工形式中，企业如果与劳动者约定试用期，需注意以下几点：

（1）试用期期限不能随意约定，同一企业与同一劳动者只能约定 1 次试用期，且需要符合《劳动合同法》的规定。企业不能不分情况，一律将试用期约定为 6 个月，根据《劳动合同法》第 19 条的规定，试用期的长短取决于劳动合同期的长短：①劳动合同期限不满 3 个月，不能约定试用期。②劳动合同期限 3 个月以上不满 1 年的，试用期不得超过 1 个月。③劳动合同期限 1 年以上不满 3 年的，试用期不得超过 2 个月。④3 年以上固定期限和无固定期限的劳动合同，试用期不得超过 6 个月。

如果企业违反《劳动合同法》的规定与劳动者约定试用期，根据《劳动合同法》第 83 条的规定，企业将被劳动行政部门责令改正。如果违法约定的试用期已经履行，企业须以劳动者试用期满月工资为标准，按已经履行的超过法定试用期的期间向劳动者支付赔偿金。

（2）企业不能与劳动者只签试用期合同。根据《劳动合同法》第 19 条的规定，试用期包含在劳动合同期限内。如果企业与劳动者在劳动合同中仅约定试用期，则试用期不成立，该期限为劳动合同期限。

（3）企业在试用期内必须给劳动者支付工资。根据《劳动合同法》第20条的规定，劳动者在试用期的工资不得低于本单位相同岗位最低档工资或者劳动合同约定工资的80%，并不得低于用人单位所在地的最低工资标准。可见，由于劳动者在试用期内提供了正常劳动，企业在试用期内必须依法向劳动者支付工资。

（4）企业在试用期内也要给劳动者缴纳社会保险费。《社会保险法》第58条规定，用人单位应当自用工之日起30日内为其职工向社会保险经办机构申请办理社会保险登记。未办理社会保险登记的，由社会保险经办机构核定其应当缴纳的社会保险费。因此，劳动者在试用期内享受法定的全部劳动保障权利，企业不能因劳动者尚在试用期内，就将其与其他劳动者区别对待。

7 企业可以随意辞退试用期劳动者吗？

大部分企业新招用劳动者后，会与新进人员约定几个月试用期，以便双方互相了解与磨合。实践中，不少企业出于组织架构调整、降低用工成本等考虑，在试用期内随意辞退劳动者。根据《劳动合同法》第21条“在试用期中，除劳动者有本法第三十九条和第四十条第一项、第二项规定的情形外，用人单位不得解除劳动合同。用人单位在试用期解除劳动合同的，应当向劳动者说明理由”的规定，企业不能随意辞退试用期劳动者，只有劳动者出现《劳动合同法》规定的情形时，企业才可在试用期内辞退劳动者。具体而言，包括以下几种情形：

（1）根据《劳动合同法》第 39 条的规定，劳动者出现下列情形之一，企业可以在试用期内与劳动者解除劳动合同，不需要支付劳动者经济补偿金，也不需要提前 30 日书面通知劳动者或者额外支付劳动者 1 个月工资：①在试用期间被证明不符合录用条件；②严重违反企业的规章制度；③严重失职，营私舞弊，给企业造成重大损害；④劳动者同时与其他单位建立劳动关系，对完成本单位的工作任务造成严重影响，或者经企业提出，拒不改正；⑤劳动者有《劳动合同法》第 26 条第 1 款第 1 项规定的情形致使劳动合同无效；⑥劳动者被依法追究刑事责任。

（2）根据《劳动合同法》第 40 条第 1 项、第 2 项的规定，劳动者出现下列情形之一，企业提前 30 日书面通知劳动者或者额外支付劳动者 1 个月工资，可以在试用期解除劳动合同：①劳动者患病或者非因工负伤，在规定的医疗期满后不能从事原工作，也不能从事由企业另行安排的工作；②劳动者不能胜任工作，经过培训或者调整工作岗位，仍不能胜任工作。

建议企业招录劳动者时，要向劳动者明确录用条件、考核依据、考核办法、规章制度等，如果确需辞退试用期劳动者，需符合法律规定，并向劳动者说明理由及依据。

8 哪些劳动者需要与企业签订竞业限制协议？

随着市场经济的不断发展，竞争日趋激烈，企业为保护自身的商业秘密不被泄露或维护企业在竞争中的地位，往往与劳动者签订竞业限制协议，以对劳动者跳槽后的择业进行限制。竞业限制是指企业和知悉本企业商业秘密或者其他对本企业经营有重大影响的劳动者终止或解除劳动合同后，该劳动者在一定期限内不得在生产同类产品、经营同类业务或有其他竞争关系的企业任职，也不得自己生产与原企业有竞争关系的同类产品或经营同类业务。企业与劳动者签订竞业限制协议时，在不违反法律、法规相关规定的前提下，可以就竞业限制的范围、地域、期限以及经济补偿等内容进行约定。

但是，并非所有的劳动者都要与企业签订竞业限制协议。负有保密义务的劳动者可以签订竞业限制协议，如果劳动者不负有保密义务，则不必签订竞业限制协议。企业高管和高级技术人员作为掌握主要经营信息和技术秘密的人员，从事任何有竞争性质的活动，都可能对原企业的经营管理甚至生存发展带来较大冲击。因此，根据《劳动合同法》第24条的规定，企业的高级管理人员、高级技术人员和其他负有保密义务的人员需要与企业签订竞业限制协议。

需要注意的是，根据2021年1月1日起施行的《最高人民法院关于审理劳动争议案件适用法律问题的解释（一）》（以下简称劳动争议司法解释一）第37条、第38条、第40条的规定，企业与上述劳动者在劳动合同或者保密协议中约定了竞业限制和经济补偿，解除劳动合同时，如果劳动者履行了竞业限制义务，企业应依约支付经济补偿。如果劳动合同解除或者终止后，因企业的原因寻致3个月未支付经济补偿，劳动者有权要求解除竞业限制约定。当然，如果劳动者违反竞业限制约定，企业可通过要求劳动者支付违约金、依约继续履行竞业限制义务等方式维护自身的合法权益。

9 集团公司制定的规章制度是否可以直接适用于子公司?

规章制度是企业用工管理的直接依据，因此规章制度的有效与否会直接影响到企业解除劳动合同的合法性。集团公司往往有诸多下属子公司，就规章制度而言，很多集团公司制定后，以文件形式下发各子公司施行。但是，集团公司制定的规章制度并不能直接适用于子公司，并不当然对子公司的员工具有约束力。如果子公司直接依据集团公司的规章制度解除与劳动者的劳动合同，则属违法解除劳动合同。

《劳动合同法》第4条规定，用人单位在制定、修改或者决定有关劳动报酬、工作时间、休息休假、劳动安全卫生、保险福利、职工培训、劳动纪律以及劳动定额管理等直接涉及劳动者切身利益的规章制度或者重大事项时，应当经职工代表大会或者全体职工讨论，提出方案和意见，与工会或者职工代表平等协商确定；用人单位应当将直接涉及劳动者切身利益的规章制度和重大事项决定公示，或者告知劳动者。根据上述规定，企业制定规章制度必须符合法定程序，内容必须合法，也必须向全体员工进行公示。就程序合法而言，企业规章制度必须遵从两个必要程序：（1）规章制度方案提出和商定程序；（2）规章制度公示和告知程序。企业提出的规章制度方案必须经过职工代表大会审议通过，或者与职工代表商定后确定。就实体合法而言，根据《劳动争议司法解释一》第50条的规定，企业通过民主程序制定且不违反国家法律、行政法规及政策规定，并已向劳动者公示的规章制度，才能作为确定双方权利义务的依据。

因此，集团公司依法定程序制定的规章制度，若要在其子公司施行，必须由子公司依据《劳动合同法》及其司法解释的规定履行法定程序，且内容不违反法律法规及政策规定。如子公司可以通过职工代表大会等方式将集团公司规章制度经民主程序转化为子公司自身的规章制度，或者集团公司履行了《劳动合同法》第4条规定的民主程序且在子公司内向劳动者公示或告知。集团公司规章制度实现上述转化才能适用于子公司的用工管理。如果子公司直接依据集团公司的规章制度辞退劳动者，则属违法解除劳动合同，需向劳动者支付违法解除劳动合同赔偿金。

第二节 劳动合同的履行和变更

1 员工拒绝加班，企业能否以不服从管理开除？

当前，“加班”已经成为多数企业存在的普遍现象。然而，企业要求员工加班须符合法律规定。《劳动法》第 41 条规定，用人单位由于生产经营需要，经与工会和劳动者协商后可以延长工作时间，一般每日不得超过 1 小时；因特殊原因需要延长工作时间的，在保障劳动者身体健康的条件下延长工作时间每日不得超过 3 小时，但是每月不得超过 36 小时。《劳动合同法》第 31 条规定，用人单位应当严格执行劳动定额标准，不得强迫或者变相强迫劳动者加班。用人单位安排加班的，应当按照国家有关规定向劳动者支付加班费。因此，一般情况下，企业由于生产经营需要，安排员工加班，应征得员工的同意。对于企业单方面延长工作时间的安排，员工有权拒绝执行。如果员工拒绝加班，企业以员工不服从管理安排为由解除劳动合同，属于违法解除，企业应支付违法解除劳动关系赔偿金。

另需注意的是，根据《女职工劳动保护特别规定》第 6 条第 2 款及第 9 条的规定，对怀孕 7 个月以上的女职工和哺乳未满 1 周岁婴儿的女职工，即使女职工本人同意，企业也不得安排加班。否则，由县级以上人民政府人力资源社会保障行政部门责令限期改正，按照受侵害女职工每人 1000 元以上 5000 元以下的标准计算，处以罚款。

2 企业可以不给员工缴纳社会保险费吗？

《劳动法》第 72 条规定，用人单位和劳动者必须依法参加社会保险，缴纳社会保险费。因此，为员工缴纳社会保险费是企业的法定义务。然而，很多企业为节约成本，逃避法律责任，故意不为员工缴纳社会保险费。还有一些员工为了让到手的工资不缩水，也会主动放弃要求企业为其缴纳社会保险费。不论员工是否同意，企业均必须为员工缴纳社会保险费，否则可能面临以下法律风险：

（1）企业如果不给员工缴纳社会保险费，须自己承担相应的费用。①员工发生疾病产生的医疗费用无法得到报销，员工应享受的医保待遇部分，由企业承担。②员工发生工伤，企业须自己承担费用。《工伤保险条例》第 62 条第 2 款规定，依照本条例规定应当参加工伤保险而未参加工伤保险的用人单位职工发生工伤的，由该用人单位按照本条例规定的工伤保险待遇项目和标准支付费用。如果缴纳了社会保险费，这笔费用则由工伤保险基金支付。③女职工的生育费用，包括产假费、住院费和生育津贴，由企业自己承担。

（2）企业如果不给员工缴纳社会保险费，须依法承担相应的民事赔偿责任。①根据《劳动合同法》第38条的规定，员工可以以企业未缴纳社会保险费为由解除劳动合同，企业需向员工支付经济补偿。②未缴纳社会保险费造成非员工本人原因离职，因累计年限不足，造成员工无法申请失业金，企业应承担相应赔偿责任。③未缴纳社会保险费，员工退休待遇因此而受到影响，企业又无法补缴的，也可能需要向员工承担相应赔偿责任。

（3）企业如果不给员工缴纳社会保险费，须依法承担相应的行政责任。①根据《劳动法》第100条的规定，劳动行政部门将责令企业限期缴纳社会保险费，如果企业逾期不缴，劳动行政部门可以向企业加收滞纳金。②根据《社会保险法》第86条的规定，企业未按时足额缴纳社会保险费，由社会保险费征收机构责令限期缴纳或者补足，并自欠缴之日起，按日加收5‰的滞纳金。企业如果逾期仍不缴纳，由有关行政部门处欠缴数额1倍以上3倍以下的罚款。③企业如果不办理社会保险登记，根据《社会保险法》第84条的规定，由社会保险行政部门责令限期改正。企业如果逾期不改正，社会保险行政部门对企业处应缴社会保险费数额1倍以上3倍以下的罚款，对企业直接负责的主管人员和其他直接责任人员处500元以上3000元以下的罚款。

3 企业可以对员工调整岗位和降低工资吗？

企业调整员工的工作岗位属于企业的用人自主权，但这并不意味着企业可以随意调岗，根据相关法律、行政法规规定，企业在下列情形下才可对员工调岗：（1）与员工协商一致；（2）员工患病或非因工负伤；（3）员工不能胜任工作；（4）对孕期、哺乳期的女员工安排适应的岗位；（5）其他情形。其中，员工不能胜任工作是实务中企业调岗的常见理由，企业行使该用人自主权时，必须符合法律规定的条件和程序。

根据《劳动合同法》第40条的规定，员工不能胜任工作，经过培训或者调整工作岗位，仍不能胜任工作的，企业可以提前30日以书面形式通知员工本人或者额外支付员工1个月工资后，解除劳动合同。因此，在员工不胜任现有岗位的情况下企业有单方调岗的权利。企业在实际调岗时，需要注意以下几点：（1）应以考评制度等为依据判断员工是否胜任工作岗位，且考评制度事先应向员工公示或者由员工签字。（2）企业需有员工不胜任考评记录、书面调岗通知等，调岗通知应由员工本人签字确认。(3) 应在合理限度内调岗，调整后的岗位应与调整前的岗位有一定的关联，并与劳动者的劳动能力、专业技能相适应。

根据《劳动合同法》第17条的规定，劳动报酬属于劳动合同的必备条款之一。企业与员工一旦依法签署了劳动合同，双方均负有全面履行合同的义务。企业应当严格按照劳动合同约定的劳动报酬标准，按时足额向员工支付工资。降低工资实质上属于合同内容变更，企业应当与员工协商一致，方可变更。如果员工不同意降薪，但企业执意降薪，则企业会面临员工申请劳动仲裁，主张企业补足工资的风险；另外，根据《劳动合同法》第38条的规定，员工还可因企业未足额支付劳动报酬，提出解除劳动合同并要求企业支付经济补偿金。

4 企业可以录用未解除原劳动关系的员工吗？

很多企业在招聘时会忽略对员工的背景调查，如果忽视这一细节，有可能会给企业带来巨大的法律风险。根据《劳动合同法》第91条及《劳动争议司法解释一》第27条的规定，用人单位招用尚未解除或者终止劳动合同的劳动者，原用人单位有权以新的用人单位和劳动者共同侵权为由向法院提起诉讼。如果新的用人单位因此给原用人单位造成损失，应当承担连带赔偿责任。实践中可能存在这样的事例：甲公司招录未与原单位解除劳动关系的曾某，曾某与原用人单位乙公司发生争议，乙公司起诉要求甲公司对曾某给乙公司造成的经济损失承担连带赔偿责任。《劳动部关于实行劳动合同制度若干问题的通知》第 17 条规定，用人单位招用职工时应查验终止、解除劳动合同证明，以及其他能证明该职工与任何用人单位不存在劳动关系的凭证，方可与其签订劳动合同。根据上述法律法规的规定，查验终止、解除劳动合同的证明以及其他能证明员工与任何其他用人单位不存在劳动关系是企业在招聘员工时须履行的法定义务。

为防范法律风险，企业在招聘员工时，应要求应聘人员提供相关离职证明或应聘人员已与原用人单位解除或终止劳动合同的其他证明文件。如果应聘人员无法提供，企业可以与拟录用的员工进行沟通，了解其无法提供离职证明的原因，并可以要求应聘人员提供原用人单位证明人的联系方式，以便进行工作背景调查。总之，企业应确保拟录用的员工与原单位不存在劳动关系后再录用，以避免用工风险。

5 哪些情形下，企业可以向员工主张赔偿？

《劳动合同法》第 90 条规定，劳动者违反本法规定解除劳动合同，或者违反劳动合同中约定的保密义务或者竞业限制，给用人单位造成损失的，应当承担赔偿责任。根据上述规定，出现以下情形时，企业可以向员工主张承担赔偿责任：

（1）员工违反保密协议，泄露企业秘密造成损失。企业与涉及商业秘密的员工签订保密协议，在协议规定的期限内员工应该遵守保密义务。如果员工违反保密协议约定，泄露了企业的商业秘密，企业可按协议约定要求员工承担赔偿责任。

（2）员工离职未提前通知，给企业造成损失。《劳动合同法》第37条规定，劳动者提前30日以书面形式通知用人单位，可以解除劳动合同。如果员工未提前通知，未交接工作即不辞而别，造成岗位突然空缺，会影响企业工作顺利开展，还可能会造成经济损失。企业在确定有经济损失的情形下，可以向突然离职的员工提出赔偿。

（3）员工违反竞业限制规定，到竞争对手单位工作。企业通常会与本单位的高级管理人员、技术人员等有保密义务的员工签订竞业限制协议，限制员工离职后去有竞争关系的企业工作。签订竞业限制协议后，员工离职后在规定期限内不能违反协议约定，企业按月支付劳动者经济补偿。员工违反约定，企业可以按照约定要求赔偿。

（4）因员工原因导致劳动合同无效，给企业造成损失。根据《劳动合同法》第86条“劳动合同依照本法第二十六条规定被确认无效，给对方造成损害的，有过错的一方应当承担赔偿责任”的规定，如果因员工原因导致劳动合同无效，且给企业造成损失，企业可向员工要求赔偿。

6 集团公司与子公司之间调动员工，存在哪些法律风险？

实践中存在不少将员工在集团公司与子公司之间调来调去的现象，导致员工与公司之间因工资报酬发生变动、工作地点发生变化、社会保险缴纳混乱等情形引发的纠纷时有发生。集团公司、子公司为各自独立的法人，对外都以自己的名义从事法律行为，且各自对外独立承担法律责任。集团公司与子公司作为两个各自独立的主体，在与应聘人员建立劳动关系时，也应当以各自的名义与应聘人员订立劳动合同。当员工从集团公司被调到子公司时，则其与集团公司之间的劳动关系解除或终止，其与子公司之间建立了新的劳动关系。那么，集团公司与子公司可能存在如下法律风险：

（1）集团公司存在支付经济补偿金或赔偿金的风险。员工因集团公司的调动行为离开，员工提供劳动的对象不再是集团公司，其与集团公司之间的劳动关系不再存在。根据《劳动合同法》第46条“有下列情形之一的，用人单位应当向劳动者支付经济补偿：（一）劳动者依照本法第三十八条规定解除劳动合同的；（二）用人单位依照本法第三十六条规定向劳动者提出解除劳动合同并与劳动者协商一致解除劳动合同的；（三）用人单位依照本法第四十条规定解除劳动合同的；（四）用人单位依照本法第四十一条第一款规定解除劳动合同的；（五）除用人单位维持或者提高劳动合同约定条件续订劳动合同，劳动者不同意续订的情形外，依照本法第四十四条第一项规定终止固定期限劳动合同的；（六）依照本法第四十四条第四项、第五项规定终止劳动合同的；（七）法律、行政法规规定的其他情形”的规定，集团公司应向员工支付经济补偿。根据《劳动合同法》第48条的规定，集团公司违法解除或者终止劳动合同，员工不要求继续履行劳动合同或者劳动合同已经不能继续履行，集团公司应依照《劳动合同法》第87条规定支付赔偿金。

（2）子公司存在支付未签订书面劳动合同的二倍工资的风险。子公司独立于集团公司，对外以自己的名义从事法律行为且独立承担法律责任，当员工从集团公司调到子公司时，员工提供劳动的对象便变成了子公司，应当由子公司作为劳动合同的另一方主体与员工订立书面劳动合同。如果员工被调到子公司已工作满一个月，子公司未与员工签订书面劳动合同，员工可以向子公司主张未签订书面劳动合同的二倍工资。

7 企业接受劳务派遣员工，需注意哪些事项？

企业的用工形式多种多样，根据需要可以与劳务派遣公司签订劳务派遣协议，由劳务派遣公司将员工派遣至企业，被派遣的员工接受用工企业的管理并为其工作服务。企业在接受被派遣员工时应注意以下几点：

（1）可以接受派遣员工的岗位有限制。《劳务派遣暂行规定》第3条规定，用工单位只能在临时性、辅助性或者替代性的工作岗位上使用被派遣劳动者。临时性工作岗位是指存续时间不超过6个月的岗位；辅助性工作岗位是指为主营业务岗位提供服务的非主营业务岗位；替代性工作岗位是指用工单位的劳动者因脱产学习、休假等原因无法工作的一定期间内，可以由其他劳动者替代工作的岗位。因此，企业可以接受派遣员工的岗位仅限于临时性、辅助性、替代性的岗位。

（2）可以接受派遣员工的数量有限制。根据《劳务派遣暂行规定》第4条的规定，企业作为用工单位应严格控制劳务派遣用工数量，使用的被派遣员工数量不得超过企业订立劳动合同人数与使用的被派遣员工人数总和的10%。

（3）应当签订劳务派遣协议，且不能将连续用工期限分割订立多个短期劳务派遣协议。根据《劳动合同法》第59条的规定，企业作为用工单位应与劳务派遣单位就派遣劳动者等事项订立劳务派遣协议。双方应在劳务派遣协议中约定派遣岗位和人员数量、派遣期限、劳动报酬和社会保险费的数额与支付方式以及违反协议的责任等内容。企业应当根据工作岗位的实际需要与劳务派遣单位确定派遣期限，不能将连续用工期限分割订立数个短期劳务派遣协议。

（4）依法履行提供劳动保护等义务。根据《劳动合同法》第62条、第63条的规定，用工企业应当履行下列义务：①执行国家劳动标准，提供相应的劳动条件和劳动保护；②告知被派遣员工的工作要求和劳动报酬；③支付加班费、绩效奖金，提供与工作岗位相关的福利待遇；④对在岗被派遣员工进行工作岗位所必需的培训；⑤如果连续用工，则实行正常的工资调整机制；⑥按照同工同酬原则，对被派遣员工与本单位同类岗位的员工实行相同的劳动报酬分配办法。用工企业如果无同类岗位员工，参照企业所在地相同或者相近岗位劳动者的劳动报酬确定。

（5）不得将被派遣员工再派遣到其他企业。根据《劳动合同法》第62条的规定，接受劳务派遣员工的企业不得将被派遣员工再派遣到其他企业。

第三节　劳动合同的解除和终止

1　企业出现哪些情形时可以经济性裁员?

经济性裁员，是指用人单位一次性辞退部分劳动者，以此作为改善生产经营状况的一种手段，目的是保护自己在市场经济中的竞争能力，渡过暂时的难关。根据《劳动合同法》第41条的规定，企业只有出现法定情形且履行法定程序时，才可以裁员20人以上或者裁员不足20人但占企业员工总数10%以上。具体而言，企业裁员需满足以下条件：

（1）符合法定情形。①企业依照《企业破产法》规定进行重整；②企业生产经营发生严重困难；③企业转产、重大技术革新或者经营方式调整，经变更劳动合同后，仍需裁减人员；④其他因劳动合同订立时所依据的客观经济情况发生重大变化，致使劳动合同无法履行。

（2）履行法定程序。①提前30日向工会或者全体职工说明情况，听取工会或者职工的意见；②裁减人员方案要向劳动行政部门报告。企业因上述原因裁员，根据《劳动合同法》第46

条的规定，还需向被裁员工支付经济补偿。

另需注意的是，依照《劳动合同法》第 42 条的规定，企业不得裁减以下人员：①从事接触职业病危害作业，未进行离岗前职业健康检查的员工，或者在诊断或者医学观察期间的疑似职业病病人；②在本单位患职业病或者因工负伤并被确认丧失或者部分丧失劳动能力的员工；③患病或者非因工负伤，在规定的医疗期内的员工；④在孕期、产期、哺乳期的女职工；⑤在本单位连续工作满 15 年，且距法定退休年龄不足 5 年的员工。

2 企业以“末位淘汰”为由解除劳动合同合法吗？

面对市场的激烈竞争，很多企业会采用“末位淘汰制”等管理制度迫使员工处于不进则退的竞争环境中，从而增强企业的竞争力。但是，企业如果以“末位淘汰”为由解除劳动合同是没有法律依据的，应承担相应的法律责任。

根据我国《劳动合同法》第 40 条“有下列情形之一的，用人单位提前三十日以书面形式通知劳动者本人或者额外支付劳动者一个月工资后，可以解除劳动合同：（一）劳动者患病或者非因工负伤，在规定的医疗期满后不能从事原工作，也不能从事由用人单位另行安排的工作的；（二）劳动者不能胜任工作，经过培训或者调整工作岗位，仍不能胜任工作的；（三）劳动合同订立时所依据的客观情况发生重大变化，致使劳动合同无法履行，经用人单位与劳动者协商，未能就变更劳动合同内容达成协议的”的规定，企业单方解除劳动合同，必须同时具备两个条件：一是提前30日以书面形式通知或者额外支付员工一个月工资；二是具有上述法条所列三种情形之一。这些情形中并不包括企业可以以“末位淘汰”为由解除劳动合同。而且，员工虽然在考核中排名末位，但并不能说明员工不能胜任工作，应该有对员工进行培训或者调整岗位这一过程。如果企业将该员工调离原岗位或者经过培训后，员工仍不能胜任工作，企业提前30日以书面形式通知员工本人或者额外支付员工一个月工资后，可以解除劳动合同。

由此可见，企业如果将“末位淘汰”等同于解除劳动合同，直接以此为由辞退员工是违反《劳动合同法》的，属于违法解除劳动合同，须按照《劳动合同法》第47条规定的经济补偿标准的二倍向员工支付赔偿金。

3 员工主动辞职，企业还需要支付经济补偿金吗？

实践中，很多企业存在一种误区，即员工主动辞职时，企业不需要支付经济补偿金。事实上，员工主动辞职时，企业是否需要支付经济补偿金，要看员工辞职的具体理由。如果员工因离家远等个人原因提出辞职的，企业一般不需要支付经济补偿金。这种情形下，如果员工离职未提前30日以书面形式通知企业，而选择不辞而别，若给企业造成损失，企业还可向该员工主张赔偿损失。

如果企业存在特定违法行为而导致员工“被迫提出辞职”，员工可与企业解除劳动合同，企业应当支付员工的劳动报酬和经济补偿，并可支付赔偿金。根据《劳动合同法》第38条和第46条及《劳动争议司法解释一》第45条的规定，企业有下列情形时，员工主动提出辞职的原因在于企业违反了法定或者约定的义务，员工虽主动辞职但实质属于“被迫辞职”，企业需要支付经济补偿金：（1）未按照劳动合同约定提供劳动保护或者劳动条件的；（2）未向员工及时足额支付劳动报酬的；（3）未依法为员工缴纳社会保险费的；（4）企业的规章制度违反法律、法规的规定，损害员工权益的；（5）企业免除自己的法定责任、排除员工权利或者劳动合同违反法律、行政法规强制性规定致使劳动合同无效的；（6）企业以暴力、胁迫或非法限制人身自由的手段，强迫员工劳动的；（7）企业违章指挥、强令冒险作业危及员工人身安全的；（8）法律、行政法规规定员工可以解除劳动合同的其他情形。

因此，企业应依法履行自身义务，切不可盲目认为员工主动提出辞职，企业就无需支付经济补偿金。企业如果违反法定义务导致员工辞职，需依法向员工支付经济补偿金。

4 劳动关系解除后，企业还有哪些义务？

实践中，在劳动关系解除后，有的企业刁难原员工，不开具有关解除或者终止劳动合同的证明、扣留原员工档案等，然而，这是法律所不允许的。根据《劳动合同法》相关规定，劳动关系解除后，企业作为用人单位还需履行以下义务：

（1）一次性付清员工工资。《工资支付暂行规定》第 9 条规定，劳动关系双方依法解除或终止劳动合同时，用人单位应在解除或终止劳动合同时一次付清劳动者工资。因此，企业应当在办理解除劳动关系手续时一次性付清员工在职期间的所有工资。

（2）出具解除或者终止劳动合同证明。根据《劳动合同法》第 50 条、第 89 条的规定，企业应当在解除或者终止劳动合同时向员工出具解除或者终止劳动合同的证明，如果企业未履行该项义务，劳动行政部门将责令企业改正；给该员工造成损害的，企业还应当承担赔偿责任。

（3）为员工办理档案和社会保险关系转移手续。《劳动合同法》第 50 条规定，企业应在解除或者终止劳动合同之日起 15

日内为劳动者办理档案和社会保险关系转移手续。根据《劳动合同法》第 84 条的规定，如果企业未为员工办理档案转移手续，而是扣押员工档案或者其他物品，劳动行政部门将责令企业限期退还员工本人，并以每人 500 元以上 2000 元以下的标准处以罚款；给员工造成损害的，企业还应当承担赔偿责任。

（4）在办理交接手续时向员工支付经济补偿。《劳动合同法》第 50 条第 2 款规定，用人单位依照本法有关规定应当向劳动者支付经济补偿的，在办结工作交接时支付。根据上述规定，在办理交接手续时，企业应当向该员工支付经济补偿。如果企业未及时发给经济补偿，根据《劳动合同法》第 85 条的规定，劳动行政部门将责令企业限期支付经济补偿；企业如果逾期不支付，劳动行政部门将责令企业按应付金额 50% 以上 100% 以下的标准向该员工加付赔偿金。

（5）支付竞业限制补偿费。根据《劳动合同法》第 23 条的规定，对负有保密义务的员工，企业可以在劳动合同或者保密协议中与该员工约定竞业限制条款。劳动关系解除后，企业应依约在竞业限制期限内按月向该员工支付经济补偿。

（6）员工因工受伤，解除或终止劳动合同时，企业需支付伤残就业补助金。根据《工伤保险条例》第 36 条、第 37 条的规定，员工因工受伤，解除或终止劳动合同时，企业需支付伤残补助金。具体而言，员工因工致残被鉴定为五级、六级的，经工伤员工提出解除或终止劳动关系的，由工伤保险基金支付一次性工伤医疗补助金，由企业支付一次性伤残就业补助金。员工因工致残被鉴定为七级至十级伤残的，劳动、聘用合同期满终止，或者员工本人提出解除劳动、聘用合同的，由工伤保险基金支付一次性工伤医疗补助金，由企业支付一次性伤残就业补助金。

第四章

企业合同管理

第一节　合同的订立与效力

1　企业为订立合同与他人进行协商，协商不成时，需要承担责任吗？

诚信是企业的立身之本。《民法典》第5条规定，民事主体从事民事活动，应当遵循自愿原则，按照自己的意思设立、变更、终止民事法律关系。第7条规定，民事主体从事民事活动，应当遵循诚信原则，秉持诚实，恪守承诺。因此，企业可以自由决定是否订立合同，与谁签订合同，签订什么样的合同。企业为订立合同与他人进行协商，协商不成的，一般不承担责任。但是，企业与他人谈判合同时，如果违反诚信原则，给对方当事人造成损失，则应当依法承担赔偿责任。

《民法典》第500条规定，当事人在订立合同过程中有下列情形之一，造成对方损失的，应当承担赔偿责任：（1）假借订立合同，恶意进行磋商；（2）故意隐瞒与订立合同有关的重要事实或者提供虚假情况；（3）有其他违背诚信原则的行为。具体而言，企业在订立合同过程中，如果出现下列行为，造成对方损失，应承担赔偿责任：（1）以订立合同为借口，恶意磋商。企业没有与对方订立合同的目的，与对方谈判只是借口，只是为了损害对方或者第三人的利益，恶意与对方进行合同谈判，如给对方造成损失，则需承担赔偿责任。（2）在订立合同中隐瞒重要事实或者提供虚假情况。企业故意隐瞒重要事实或者提供虚假情况，使对方陷入错误订立合同，如给对方造成损失，企业要承担赔偿责任。（3）有其他违背诚信原则的行为。例如，企业向对方保证一段时间后将签订合同进行长期合作，如果对方为订立该合同做了大量工作，当订立合同的一切准备工作就绪时，企业又向对方提出新的要求，对方拒绝该要求，则企业可能需补偿对方为准备订立合同所发生的费用。

需要注意的是，赔偿应当以受损害当事人的损失为限。这个损失包括直接利益的减少，如谈判中发生的费用，还应当包括受损害的当事人因此失去的与第三人订立合同的机会的损失。

2 与对方签订合同时需要注意什么？

为保证合同有效履行，企业与对方签订合同时，应注意以下几个方面：

（1）审查合同相对人的主体身份。①如果合同对方是自然人，应写明姓名全称及身份证号，以免发生对自然人身份的争议。②如果合同对方是企业，应注意审查企业信息。签订合同时，应详细填写对方的公司名称、法定代表人、地址、合同经办人、联系电话等信息，保证公司名称与其营业执照上的一致，不使用简称或缩写。③与对方企业法定代表人签订合同时，注意核实法定代表人的身份真实与否，建议要求加盖对方企业公章，以免对签约对方是以个人还是企业的名义订立合同产生争议。④在对方企业有签约代表签订合同时，应要求出席的签约代表出具授权委托书，审查其授权委托书中名称、权限等事项是否明确，以防出现无权代理、越权代理、授权失效等情况。

（2）规范己方授权手续。①己方企业业务人员对外签约时，不可为图方便，出具空白介绍信和授权委托书，而应在相关介绍信、授权委托书、合同等文件上尽可能详细、明确列举授权事项、权限和期限，并由被代理人签名或盖章。业务完成后将尚未使用的介绍信和授权委托书等文件尽快收回，以免不必要的争议。如果在空白介绍信或授权委托书上签名或者盖章，则会被视为企业对他人在空白介绍信或者授权委托书上空白处任意添加内容的授权，企业须对盖章等行为负责。②企业业务人员离职后，建议办理好交接手续，并向该业务人员负责联系的客户发送书面通知，告知客户业务人员离职情况。

（3）合同文本内容要明确具体。建议签订一式多份的书面合同，保持多份合同的内容完全一致，并妥善保存。合同文本内容应明确、具体、全面，对结算人员、流程、付款时间、违约责任等内容约定清晰，避免因合同用语不规范或者约定不明确而引发争议。

（4）合同形式要规范。尽管根据《民法典》第 469 条的规定，订立合同可采用书面形式、口头形式或者其他形式，为稳妥起见，仍建议企业采用书面形式订立合同。紧急情况下可用口头或者微信、传真等形式签订合同，但随后补签书面合同可降低风险。

3 企业支付订金后卖方不发货，可以要求卖方双倍返还订金吗？

企业在日常经营过程中免不了要签订合同，很多企业经常混淆“定金”和“订金”的概念，由此产生诸多纠纷，造成不必要的经济损失。然而，“定金”与“订金”并不是同一概念。

《民法典》第 586 条规定，当事人可以约定一方向对方给付定金作为债权的担保。因此，定金是指以担保债权实现为目的，依据法律规定或者双方当事人约定，由一方在合同订立时或者订立后至合同履行之前，按照合同约定标的额的一定比例，预先给付对方的一定数额货币的担保形式。《民法典》第 587 条规定，债务人履行债务的，定金应当抵作价款或者收回。给付定金的一方不履行债务或者履行债务不符合约定，致使不能实现合同目的的，无权请求返还定金；收受定金的一方不履行债务或者履行债务不符合约定，致使不能实现合同目的的，应当双倍返还定金。可见，定金是一种担保手段，对合同双方当事人均有担保作用，目的是保证合同的履行。“定金”的作用主要有两种：一是当合同正常履行时，定金充作价款。二是合同不能正常履行时，定金作为罚则。如果交付定金方违约，收受方可以主张不退还定金；如果收受方违约，交付方可以主张两倍返还定金。需要注意的是，企业如果仅将款项名称写成“定金”，但并未与对方约定适用定金罚则，此时款项因不具有担保债权的功能，性质仍为预付款。

而订金目前法律上没有明确规定，通常而言是指预付款，不具有担保功能。对于“订金”而言，如果收取订金的一方不能履行约定，交付订金的一方只可要求返还订金而不能要求双倍返还。因此，企业给卖方打款时将款项用途写成“订金”，如果卖方不发货，企业只能要求卖方退还订金，而不能要求双倍返还。

4 为方便使用，企业可以随意制定格式条款吗？

为提高交易效率，很多企业在市场交易活动中大量使用格式条款或者格式合同。格式条款是指企业为了重复使用而预先拟定，在订立合同时未与交易对方协商的条款。格式条款具有便捷、易行、高效的优势，缺点是无协商余地，双方地位不平等。因此，企业为方便使用，制定格式条款时应履行以下法定义务：（1）公平确定双方的权利义务；（2）采取合理方式提示对方注意免除或者减轻企业责任等与对方有重大利害关系的条款；（3）按照对方要求，对该条款予以说明。根据《民法典》第496条的规定，如果制定格式条款的企业未履行提示或者说明的义务，合同对方因此而未注意或者理解相关有重大利害关系的条款，则企业面临合同对方主张相关格式条款不成为合同内容的风险。

根据《民法典》第497条的规定，企业制定格式条款时，应注意格式条款不能有下列内容，否则相关格式条款无效：（1）有《民法典》规定的违反法律、行政法规的强制性规定的内容；（2）有违背公序良俗的内容；（3）有不合理免除或者减轻企业己方责任、加重合同对方责任、限制合同对方主要权利的内容；（4）有排除合同对方主要权利的内容；（5）有造成合同对方人身损害免责的条款内容；（6）有因故意或者重大过失造成对方财产损失免责的条款内容。例如，企业在经营场所贴上“如有丢失，概不负责”等免责告示，并不意味着万事大吉，这种告示相当于不合理免除自身责任的格式条款，如果出现财物损失等情形，企业仍需承担一定的赔偿责任。

5 企业可以口头签订租赁合同吗？

《民法典》第469条规定，当事人订立合同，可以采用书面形式、口头形式或者其他形式。第707条规定，租赁期限6个月以上的，应当采用书面形式。当事人未采用书面形式，无法确定租赁期限的，视为不定期租赁。因此，企业可以与他人口头签订租赁合同，尤其是临时、短期的租赁合同，租金少、时间短，口头签订租赁合同具有一定的便利性。但如果租赁期限为6个月以上，而未签订书面租赁合同，则可能面临如下法律风险：

（1）双方的租赁关系很可能被视为不定期租赁。如果双方未签订书面租赁合同，租赁期限难以明确，根据《民法典》第730条“当事人对租赁期限没有约定或者约定不明确，依据本法第五百一十条的规定仍不能确定的，视为不定期租赁；当事人可以随时解除合同，但是应当在合理期限之前通知对方”的规定，租赁期限无法确定时，视为不定期租赁，合同双方享有任意解除权，而且由于没有书面合同，合同条款的具体内容难以确定，导致双方租赁法律关系处于不稳定状态。

（2）举证难度大。口头约定租赁合同，如果双方出现纠纷需向法院起诉时，要承担举证责任。口头形式的举证，一般常指当事人陈述、证人证言或者视听资料等，而这些证据，根据相关司法解释，不能单独作为法院认定事实的根据，增加了企业举证的难度。例如，在“一房数租”情形下，口头租赁合同难以确定承租人。当同一出租房屋上存在两份以上的租赁合同且承租人均主张履行合同时，口头形式签订租赁合同的承租人难以证明自己合法占有租赁物，甚至难以证明合同的成立。因此，建议签订租赁合同采用书面形式，明确双方的权利义务和法律责任，有效保障企业的合法权益。

6 企业法定代表人越权签订的合同有效吗?

法定代表人是指依照法律或者法人章程的规定，代表法人从事民事活动的负责人。市场经济活动中，企业法定代表人的代表权十分广泛，一般而言，法定代表人代表企业进行民事活动，无须另行签发授权委托书就可以代表企业从事民事活动，比如签订合同。但是，法定代表人的职权并不是无限的，企业法定代表人的代表权来源于法律或者企业章程的规定，法定代表人只能在法律或者企业章程规定的权限范围内行使代表权。如果法定代表人超越职权范围行使代表权，就构成了越权代表。实践中，有的企业由于种种原因不想履行已签订的合同，常常以合同系法定代表人越权签订为由，向合同对方主张合同无效，以达到拒绝履行合同义务的目的。这有违商业交易中的诚信原则，也与《民法典》的规定不符。

《民法典》第 61 条第 3 款规定，法人章程或者法人权力机构对法定代表人代表权的限制，不得对抗善意相对人。第 504 条规定，法人的法定代表人或者非法人组织的负责人超越权限订立的合同，除相对人知道或者应当知道其超越权限外，该代表行为有效，订立的合同对法人或者非法人组织发生效力。企业章程、决议等对法定代表人权限的限制属于企业内部文件，如果要求企业与他人签订合同时，他人必须知道企业内部文件对法定代表人的权限是如何规定的，将会给市场主体的交易活动带来诸多不便，导致市场交易成本增高、效率降低。因此，根据《民法典》的上述规定，企业法定代表人越权签订的合同在交易相对人为善意时，对企业发生效力。只有在交易相对方知道或者应当知道法定代表人越权时，法定代表人越权签订的合同才对企业没有约束力。

第二节 合同的履行、变更与转让

1 债务人逃避债务，企业如何保全自身债权？

按期依约履行债务是诚实守信的应有之义，但仍有一些债务人想尽各种办法逃避债务，作为债权人的企业应依法行使权利，采取以下措施，保全自身合法债权：

（1）企业行使撤销权。债权人的撤销权，是指因债务人放弃其自身到期债权，或者无偿转让财产，也包括债务人以明显不合理的低价转让财产，对债权人造成损害的，并且受让人知道这种情形的，债权人可以请求法院撤销债务人的行为。根据《民法典》第538条、第539条规定，企业作为债权人行使撤销权的具体情形包括：①债务人无偿处分自身财产，债务人放弃其债权、放弃债权担保、无偿转让财产或者故意延长其到期债权的履行期限，影响债权人的债权实现。此时，作为债权人的企业可以向法院请求撤销债务人的行为。②债务人有偿处分自身财产，但以明显不合理的低价转让财产、以明显不合理的高价受让他人财产或者为他人的债务提供担保，影响债权人的债权实现，且债务人的相对人知道或者应当知道前述情形。此时，作为债权人的企业可以向法院请求撤销债务人的行为。

（2）企业行使代位权。①企业债权已到期。《民法典》第535条第1款规定，因债务人怠于行使其债权或者与该债权有关的从权利，影响债权人的到期债权实现的，债权人可以向人民法院请求以自己的名义代位行使债务人对相对人的权利，但是该权利专属于债务人自身的除外。因此，当企业的债权已到期，向债务人追债时，如果发现债务人对他人享有债权，但故意不积极要债，反而声称自己没钱，无法偿还企业欠款，影响企业到期债权的实现，在这种情况下，企业作为债权人能以自己的名义直接向债务人的债务人追讨欠款，即企业可以行使代位权。但专属于债务人自身的债权，比如因抚养关系、扶养关系、继承关系而享有的债权，或者劳动报酬、退休金、养老金、抚恤金、安置费、人身保险、人身伤害赔偿等债权，企业不能代位行使。②企业债权未到期。企业债权到期前，也可以依照《民法典》第536条的规定行使代位权，但行使代位权的特定条件是：企业的债务人的债权或者与该债权有关的从权利存在诉讼时效期间即将届满或者未及时申报破产债权等情形，影响企业债权的实现。此时，企业以其债务人的名义，请求债务人的相对人向债务人履行，通过保全债务人财产的方式，保护企业自身的债权。

2 卖方未开发票，企业能不能拒绝付款？

《发票管理办法》第 3 条规定，发票是指在购销商品、提供或者接受服务以及从事其他经营活动中，开具、收取的收付款凭证。第 19 条规定，销售商品、提供服务以及从事其他经营活动的单位和个人，对外发生经营业务收取款项，收款方应当向付款方开具发票。在买卖交易中，因卖方没开发票，很多企业依据《民法典》第 525 条“当事人互负债务，没有先后履行顺序的，应当同时履行。一方在对方履行之前有权拒绝其履行请求。一方在对方履行债务不符合约定时，有权拒绝其相应的履行请求”的规定而拒绝支付货款的情况并不少见。然而，卖方未开具发票，作为买方的企业并不能因此而拒绝付款。

虽然收受货款开具票据是卖方应尽的法定义务，但是在买卖合同中，买方负有给付货款的主给付义务，卖方负有交付货物的主给付义务，开具发票属于收款方的附随义务，因此，企业不能以卖方未开具发票为由行使合同同时履行抗辩权，卖方未开具发票不能成为企业拒付货款和拒绝履行合同主要义务的理由。

企业在日常交易中应注意防范发票风险，签订合同时明确发票相关条款，确定收款方的开票义务，明确收款方提供发票的时间、类型等内容，同时明确约定不及时开具发票或者开具的发票不合规时，义务方应承担的赔偿责任。如果企业付款后，卖方不开具发票，企业可以向法院单独起诉要求卖方出具发票，或者向当地税务部门投诉要求追究卖方的偷税漏税行为，维护自己的合法权益。

3　借条、欠条及收条有什么区别？

企业与他人经济往来过程中，免不了要出具借条、欠条或收条等书面凭证。这些书面凭证虽然仅有一字之差，但其中蕴含的法律含义却千差万别。

（1）借条反映的是借贷关系，一般是指借款人向出借人出具的书面凭证，借条通常载明借款金额、利息、借款期限等内容，借条是出借人向借款人主张债权的重要凭证。

（2）欠条反映的是欠款关系，一般是指欠款人向债权人出具的证明其欠款事实的书面凭证。欠条是对双方经济往来的一种结算，市场交易中，欠条形成的原因有很多，可能因借贷而产生欠款，也可能因买卖、承揽、劳资纠纷等其他法律关系而产生欠款。因此，仅凭欠条不足以证明相关款项的性质。也就是说，借款肯定是欠款，但欠款不一定是借款。

（3）收条反映的是给付关系，一般不反映债权债务关系，是指债权人收到债务人的钱款时，向债务人出具的证明还款事实的书面凭证。债务人支付相关款项后，要求债权人出具收条的目的是消灭双方之前的债务债权关系。与借条、欠条不同的是，收条的出具人通常没有通过给付来“赎条”的意思表示。

如果双方存在借贷关系，建议不要将相关凭证写成欠条，更不能写成收条。当借款人不按期还钱时，出借人可凭借条向法院起诉，向法院陈述借款的相关事实。如果出借人凭欠条向法院起诉，需向法院陈述欠条形成的事实，如果对方否认，出借人还须进一步提供证据证明欠条形成的原因及事实。如果仅凭收条向法院起诉，要求出具收条人履行义务，一般难以维护自身合法权益。

4 企业购买货物，双方却没有约定检验期间，怎么办？

商品买卖中，卖方应按照双方约定的质量要求交付货物，如果货物不符合质量要求，致使合同目的不能实现，买方可以拒绝接收货物或者解除合同。因此，买卖合同关系中，卖方负有质量瑕疵担保责任。而检验期间直接影响着卖方质量瑕疵担保责任是否成立。检验期间也称异议期间，是指在买卖合同关系中买受人应为检验交付的标的物所必需的时间。检验期间分两种情况：一是约定检验期间，二是未约定检验期间。如果双方已约定检验期间，买方收到货物后应在约定的检验期间内检验货物。如果双方没有约定检验期间，并不意味着买方不能对货物进行检验，也不意味着卖方可免除质量瑕疵担保责任。

根据《民法典》第620条、第621条、第623条的规定，买卖双方没有约定检验期间，作为买方的企业应及时检验，同时应注意以下几点：（1）买卖双方没有约定检验期限，企业应在发现或者应当发现标的物的数量或者质量不符合约定的合理期限内通知卖方。（2）企业在合理期限内未通知或者自收到标的物之日起2年内未通知卖方，视为标的物的数量或者质量符合约定。（3）如果标的物有质量保证期，则不适用该2年的规定，应适用质量保证期。（4）如果卖方知道或者应当知道提供的标的物不符合约定，企业的通知时间不受2年及质量保证期的限制。（5）虽然双方对检验期间未作约定，但如果企业已签收送货单、确认单等，且送货单、确认单等标明了标的物的数量、型号、规格，则视为企业已经对数量和外观瑕疵进行了检验。

5　合同签订后，对方经营状况严重恶化，企业可以拒绝履行合同吗？

企业与他人签订合同，按照合同约定企业应先履行合同义务，但在合同履行过程中，企业发现后履行合同义务的对方经营状况严重恶化，存在无法履行合同的风险，此时，作为先履行义务一方的企业可行使不安抗辩权，中止履行合同。不安抗辩权是指双方合同成立后，有先后履行顺序的，先履行的一方有确切证据表明另一方丧失履行债务能力时，在对方没有恢复履行能力或者没有提供担保之前有权中止履行合同的权利。

根据《民法典》第527条的规定，企业行使不安抗辩权需满足以下条件：（1）合同约定了先后履行顺序，如果双方当事人没有在合同中约定、法律也没有规定当事人履行合同义务的先后顺序，则失去了行使不安抗辩权的前提。而且，应当先履行的合同义务已到履行期。（2）企业有确切证据证明后履行义务一方存在履行能力明显降低、无法履行合同的风险，包括：①经营状况严重恶化，比如无法继续经营，财产大量减少等；②转移财产、抽逃资金，以逃避债务，比如，将企业设立时的出资额转移、挪作他用等；③丧失商业信誉，比如失去了诚信经营等声誉等；④有丧失或者可能丧失履行债务能力的其他情形。企业如果没有确切证据证明合同对方有法定情形，而中止自己的履行要承担违约责任。

因此，合同签订后，对方经营状况严重恶化，企业可依法行使不安抗辩权，中止履行合同，并应及时通知对方。如果中止履行后，对方在合理期限内未恢复履行能力且未提供适当担保，则视为对方以行动表明不履行合同主要债务，企业可解除合同并可以请求对方承担违约责任。如果对方提供了适当担保，消除了无法履行合同的风险，此时，企业应恢复履行合同，而不能拒绝履行合同。

6　出租人出卖租赁房屋，企业作为承租人可以优先购买租赁房屋吗？

《民法典》第726条规定，出租人出卖租赁房屋的，应当在出卖之前的合理期限内通知承租人，承租人享有以同等条件优先购买的权利；但是，房屋按份共有人行使优先购买权或者出租人将房屋出卖给近亲属的除外。出租人履行通知义务后，承租人在15日内未明确表示购买的，视为承租人放弃优先购买权。

根据上述规定，在房屋租赁关系中，当出租人将租赁房屋转让给第三人时，企业作为承租人依法享有在同等条件下优先购买租赁房屋的权利。企业行使该优先购买权，须满足以下条件：（1）企业承租的房屋尚在租赁期内，这是企业行使优先购买权的前提，且出租人须有出卖租赁房屋的行为，出租人与第三人就租赁房屋已订立买卖合同。（2）企业在出租人与他人之间的买卖合同约定的相同条件下，才享有优先购买权。相同条件一般是指价格相同、支付方式相同等。（3）企业须在收到出租人告知出卖租赁房屋等内容的通知后15日内明确表示购买租赁房屋。企业如果未明确购买该租赁房屋，则视为企业放弃优先购买权。如果出租人没有通知企业，也不影响企业在得知租赁房屋出卖情况下行使优先购买权。当然，如果出租人未履行通知义务致使企业不知道租赁房屋出卖情况而导致企业未能行使优先购买权，企业可以依照《民法典》第 728 条的规定向出租人主张承担赔偿责任。（4）如果出租人委托拍卖人拍卖租赁房屋，企业在收到出租人关于拍卖租赁房屋的通知后，参加拍卖活动，可以行使优先购买权。

另需注意的是，企业作为承租人并不是在任何情况下都可以享有优先购买权，根据《民法典》第 726 条的规定，在以下情形中，企业不能行使优先购买权：（1）租赁房屋的按份共有人行使优先购买权。（2）出租人将房屋出卖给近亲属。

7 企业租赁写字楼办公，房东将写字楼抵押或者卖给他人后，企业还能继续使用吗？

企业在经营过程中，常常需要租赁写字楼办公，可是有的房东在企业租赁办公期间将写字楼抵押或者转卖给他人，新房东可能会解除租赁合同，要求企业搬离。这种不稳定的租赁关系在一定程度上影响了企业安心经营。事实上，《民法典》规定了“买卖不破租赁”和“抵押不破租赁”规则，如果房东将写字楼抵押或者转卖给他人，并不影响企业租赁合同的效力。

《民法典》第725条规定，租赁物在承租人按照租赁合同占有期限内发生所有权变动的，不影响租赁合同的效力。该法律规定也就是我们熟知的“买卖不破租赁”规则。买卖不破租赁是指在租赁关系存续期间，即使租赁物所有权发生了变动，也不影响租赁合同的效力。当房东将写字楼转卖给他人时，企业可以依据“买卖不破租赁”规则，继续租赁、使用写字楼，继续享有租赁合同规定的权利，履行相应义务。如果在订立租赁合同之前，写字楼的所有权已经发生变动，则企业不能主张适用“买卖不破租赁”规则，而且签订该租赁合同的当事人因不是所有权人进行无权处分，可能导致合同无效。

《民法典》第405条规定，抵押权设立前，抵押财产已经出租并转移占有的，原租赁关系不受该抵押权的影响。该条规定了“抵押不破租赁”的规则。抵押不破租赁是指出租人将财产出租并转移占有后，又用该财产设定抵押权时，也不影响租赁合同的效力。企业主张适用“抵押不破租赁”时，需注意：（1）抵押权设立前，企业作为承租人已经占有写字楼（租赁物）。如果企业签订租赁合同后还没有占有写字楼（租赁物），则不能适用“抵押不破租赁”规则。（2）“抵押不破租赁”只针对租赁权先于抵押权设立的情形，如果抵押权设立后，企业才租赁写字楼等，则企业的租赁权不能对抗抵押权。（3）企业作为承租人仍可以基于租赁合同继续占有使用写字楼（租赁物）。

因此，企业租赁写字楼办公，房东将写字楼抵押或者转卖给他人后，企业可以要求继续履行租赁合同，继续使用写字楼。

8 企业与对方修改合同时，有哪些注意事项？

《民法典》第543条、第544条规定，当事人协商一致，可以变更合同。当事人对合同变更的内容约定不明确的，推定为未变更。修改合同属于对合同的变更，企业与他人签订合同后，如需修改合同，须做到以下两点：

（1）与对方协商。如果企业要修改合同，对方不同意修改，或者双方虽有修改合同内容的意愿或意向，但是双方对修改的具体事项没有达成共识，还存在分歧，则属于没有协商一致，原合同继续有效。因此，修改合同时，可以重新签订合同或在原合同相应条款作修改或补充，并在修改之处加盖双方公章（个人签名、手印）。如一方对合同进行涂改，改变原合同约定，则改变的部分无效，维持原合同约定内容。如果只有口头答应但没有对合同做修改或者没有在修改变动的地方盖章（个人签名、手印），则难以认为已经修改合同，仍应履行原合同约定的内容。

（2）约定要明确。如果双方对合同修改的内容约定不明，则视为未变更。如果双方针对原合同签署了多份修改协议而没有填写日期，或者同一天签署多份修改协议，则可能面临难以确定多份修改协议签订顺序的风险。如果双方就修改内容单独签订修改协议时，建议明确修改的内容，先描述对应的原合同内容，再描述修改后的内容，体现修改前后的对比。例如，合同第几条内容是什么，现修改为什么内容。此外，还需明确修改协议与原合同的关系，例如，明确修改协议与原合同不一致的，以修改协议为准，原合同约定的其他内容继续有效。

9　企业可以转让债权吗?

《民法典》第545条规定，债权人可以将债权的全部或者部分转让给第三人。因此，企业可以通过协议将其享有的债权全部或者部分地转让给第三人。企业转让债权，需注意以下几点：

（1）企业转让的债权必须是合法有效存在的债权，且债权转让人与受让人达成了转让协议。

（2）企业转让的债权必须依法具有可让与性。根据《民法典》第545条的规定，在3种情形下企业不得转让债权：①根据债权性质不得转让，比如专为特定债权人利益而存在的债权等。②依照法律规定不得转让，比如债务人或担保人为国家机关的不良债权，经国务院批准列入全国企业政策性关闭破产计划的国有企业债权，国防、军工等涉及国家安全和敏感信息的债权以及其他限制转让的债权。③按照当事人约定不得转让。当事人关于不得转让债权的约定须在债权转让之前就已订立。且当事人约定非金钱债权不得转让的，不得对抗善意第三人。当事人约定金钱债权不得转让的，不得对抗第三人。

（3）企业转让债权，需履行通知义务。①通知债务人，但无须就债权转让事项征得债务人同意，根据《民法典》第546条的规定，如果未通知债务人，该转让对债务人不发生效力。②通知保证人。根据《民法典》第696条的规定，债权人转让全部或者部分债权，如果未通知保证人，该转让对保证人不发生效力。如果保证人与债权人明确约定禁止债权转让，债权人未经保证人书面同意就转让债权，保证人对受让人不再承担保证责任。如果债权人未通知保证人，并不意味着保证人的保证责任可以免除，保证人仍应根据保证合同的约定向原债权人承担保证责任。

（4）企业作为转让人应依法负担因转让债权增加的履行费用。《民法典》第550条规定，因债权转让增加的履行费用，由让与人负担。因此，企业作为原债权人转让债权时，债务履行费用如果因此而增加，债务人有权请求企业偿还。

10 企业可以将债务转移给其他企业吗？

企业在经营过程中常与他人产生债权债务关系，很多企业根据原债务的履行情况，与他人协商形成新的法律关系，以保障各方当事人合法权益能及时、灵活实现，“债务转移”应运而生。债务转移是指债务人将合同义务转移给第三人，在转移债务的范围内，债务人脱离原有的债权债务关系。因此，企业可以将债务转移给他人，但需注意以下两点：

（1）企业转移债务，应当征得债权人同意。《民法典》第551条规定，债务人将债务的全部或者部分转移给第三人的，应当经债权人同意。债务人或者第三人可以催告债权人在合理期限内予以同意，债权人未作表示的，视为不同意。债务转移必须征得债权人同意，这是因为债务转移后，债权人与第三人形成了一个新的债权债务关系，在债务转移范围内，债权人可要求作为新债务人的第三人承担债务，而不能再向原债务人要求履行债务。对不同的债务人来说，他们的信用程度、偿债能力各有差异，如果未经债权人同意将债务转移给一个没有偿还能力的人，债权人的债权很可能就无法得到保障。

（2）债务如有保证人，转移债务时应征得保证人书面同意。根据《民法典》第697条的规定，债权人允许债务人转移债务，应经保证人书面同意。如果保证人未书面同意，债务仍然转移，则保证人对未同意转移的债务不再承担保证责任。

第三节　合同的终止与违约责任

1　企业在哪些情形下可以解除合同？

解除合同是指合同成立后，当具备合同解除的条件时，因当事人一方或者双方的意思表示而使合同权利义务关系消灭的一种行为。根据《民法典》的相关规定，企业在下列情形下可以解除合同：

（1）企业与对方协商解除合同。《民法典》第 562 条第 1 款规定，当事人协商一致，可以解除合同。因此，在合同成立后、尚未履行完毕之前，如果难以继续履行合同，企业可与对方就解除合同事宜进行协商，双方如果协商一致，企业可以解除合同。建议双方除对是否解除原合同进行协商外，还要对解除合同的法律后果进行协商，比如解除合同后是否恢复原状、怎么恢复原状，是否承担赔偿损失责任等问题，双方最好通过协商进行处理。

（2）企业享有约定解除权时可以解除合同。《民法典》第 562 条第 2 款规定，当事人可以约定一方解除合同的事由。解除合同的事由发生时，解除权人可以解除合同。如果双方在合同中事先约定好可以解除合同的事由，当约定的事由发生时，享有约定解除权的企业可以解除合同。

（3）企业享有法定解除权时可以解除合同。根据《民法典》第563条的规定，当法定解除事由出现时，享有解除权的企业可以单方行使法定解除权，无需和对方协商一致。法定解除情形有：①因不可抗力致使不能实现合同目的。②在履行期限届满前，当事人一方明确表示或者以自己的行为表明不履行主要债务。③当事人一方迟延履行主要债务，经催告后在合理期限内仍未履行。④当事人一方迟延履行债务或者有其他违约行为致使不能实现合同目的。⑤法律规定的其他情形。

（4）特殊类型合同下，企业可随时解除合同。企业在经济活动中与他人订立租赁合同、保管合同等不定期合同的现象较为普遍，对于这种类型的合同，《民法典》第563条第2款规定，以持续履行的债务为内容的不定期合同，当事人可以随时解除合同，但是应当在合理期限之前通知对方。因此，如果双方签订以持续履行债务为内容的不定期合同，企业在合理期限之前通知对方后，可以随时解除合同。

2 企业应如何解除合同?

当出现约定或法定的情形时，享有解除权的企业可采用以下方式解除合同：

（1）通知解除。《民法典》第565条第1款规定，当事人一方依法主张解除合同的，应当通知对方。因此，企业可以采用口头、电子邮件、微信、纸质等方式向对方发出解除合同通知，双方之间的合同自解除通知到达对方时解除。如果通知中载明对方在一定期限内不履行债务则合同自动解除，对方在该期限内仍未履行债务，则双方合同自通知载明的期限届满时解除。

（2）诉讼解除。根据《民法典》第565条第2款的规定，企业没有通知对方，并不意味着无法解除合同。企业可以直接向法院起诉或者向仲裁机构申请仲裁，依法主张解除合同。如果法院或者仲裁机构确认企业提出的解除合同的主张，则双方合同自起诉状副本或者仲裁申请书副本送达对方时解除。

需要注意的是，当企业享有解除权时，应及时解除合同，否则企业将不再享有合同解除权。根据《民法典》第564条的规定，如果法律规定或者双方约定了解除权行使的期限，期限届满时企业不解除合同，企业将丧失合同解除权。如果法律没有规定或者双方没有约定解除权行使的期限，那么企业在享有解除权时应当在知道或者应当知道解除事由之日起一年内解除合同，否则解除权消灭。如果对方催告企业在一定的合理期限内及时解除合同，企业仍未行使解除权，则丧失解除权，双方合同应继续履行。

3 企业和商业伙伴互负债权债务，双方债务可以相互抵销吗？

市场交易活动中，企业与商业伙伴经常会互负债权债务，为避免反复给付、节省交易费用，相互抵销债务应运而生。当企业与商业伙伴互负债权债务时，双方的债务可能有两种抵销情形：

（1）双方互负的债务标的物种类、品质相同时，企业可依法抵销。根据《民法典》第568条的规定，双方互负债务，且债务的标的物种类、品质相同，企业可将自己的债务与对方的到期债务抵销。因此，法定抵销需具备以下条件：①双方互负债权债务；②双方所负债务标的物种类、品质相同；③对方债务履行期限已到期；④双方所负债务都属于可抵销的债务，如果根据债务性质、双方约定或者法律规定不能抵销的债务，企业不可主张抵销。例如，税收债权不能用来抵销。又如，法律规定在破产程序、合伙企业债务等特定情形下，不能抵销债务。

企业主张依法抵销时，应通知对方。法定抵销中，抵销通知到达对方时，发生抵销的效果。

（2）双方互负的债务标的物种类、品质不相同时，企业可与对方协商抵销。根据《民法典》第569条的规定，当事人互负债务，标的物种类、品质不相同的，经协商一致，也可以抵销。双方协商抵销时，不受债务是否已到履行期限、债务的性质等条件限制，只要不违背法律、法规和公序良俗，双方协商一致即可抵销。约定抵销中，不需要发出抵销通知，双方当事人达成抵销协议时，发生抵销的效果。

4 企业应在合同中如何约定违约金条款？

违约金是指法律规定或者双方当事人约定，合同一方违约时，应向另一方支付的金钱。违约金属于承担违约责任的一种形式，主要用来补偿因违约给对方造成的损失，因此违约金具有以补偿性为主、惩罚性为辅的属性。如果双方在合同中明确约定违约金，可促使合同双方做到慎重订约、适当履约，从而起到促进交易的作用。因此，如何在合同中约定违约金条款，是企业在市场交易中必须面临的重要问题之一。

《民法典》第585条规定，当事人可以约定一方违约时应当根据违约情况向对方支付一定数额的违约金，也可以约定因违约产生的损失赔偿额的计算方法。约定的违约金低于造成的损失的，人民法院或者仲裁机构可以根据当事人的请求予以增加；约定的违约金过分高于造成的损失的，人民法院或者仲裁机构可以根据当事人的请求予以适当减少。当事人就迟延履行约定违约金的，违约方支付违约金后，还应当履行债务。可见，企业在订立合同时，应尽可能地明确约定一方违约时根据违约情况向对方支付违约金的数额，还可以约定因违约产生的损失赔偿数额的计算方法，这样可降低对方违约时企业作为守约方的举证成本。具体而言，企业应在合同中明确约定违约实际损失的标准等，如果双方就迟延履行约定违约金，一方违约时除要支付违约金外，守约企业还可主张违约方履行债务。而且，合同约定的违约金数额并不是越高越好，也不是越高越有保障，而要确保违约金不要明显超过实际损失的30%，如果约定的违约金过分高于造成的损失，对方可依法向法院或者仲裁机构请求予以适当减少。

因此，双方应在合同中写清违约金条款，明确违约金的数额或者违约损失的标准、计算方法等内容，防止出现违约时发生纠纷。如果合同中没有约定清楚违约金方面的事项，也不意味着违约方不用承担违约责任。一方违约时，守约企业可以根据对方违约行为给己方造成的实际损失来主张对方承担违约责任，此时守约企业须提供证据证明违约造成的实际损失。

5 对方违约后，守约企业可以任由损失扩大吗？

《民法典》第591条规定，当事人一方违约后，对方应当采取适当措施防止损失的扩大；没有采取适当措施致使损失扩大的，不得就扩大的损失请求赔偿。当事人因防止损失扩大而支出的合理费用，由违约方负担。由此可见，市场交易中，对方违约后，作为守约方的企业并不能任由损失扩大，而要依法承担一定的减损义务，否则无权对扩大的损失向违约方主张权利。守约方的减损义务既包括采取措施防止损失扩大等积极作为义务，也包括避免造成新的损失等消极不作为义务。

实践中，某些合同产生纠纷后，一方违约导致的损失并不能一次性确定，而可能随着时空的变化而发生损失继续扩大的情况。例如，在鱼虾、水果等鲜活货物的买卖合同中，买方收货后发现实际收到的货物与双方的约定不相符，而鲜活货物不及时处理可能发生变质、损害或者丧失全部价值，此时守约方应根据实际情况采取变卖货物等方式，以减少损失的扩大。通常而言，守约方企业承担法定减损义务的条件有：（1）对方违约行为可能造成违约损失不断扩大。（2）守约方具备采取适当措施防止损失扩大的可能性。例如，守约方应及时通知违约方并及时采取折价、变卖、提存等措施妥善保管货物。（3）守约方为履行减损义务产生的合理费用应由违约方承担。（4）对方违约后，如果守约方有能力采取措施但放任不管，扩大的损失应由守约方承担。

因此，企业应增强法律意识，即使对方违约，也应依法承担减损义务，否则自身可能会承担不必要的损失。

6 受疫情影响不能如期履行合同，企业可以以不可抗力为由主张免责吗?

2020年新冠肺炎疫情暴发后，全国各地纷纷启动重大突发公共卫生事件Ⅰ级响应，依法采取了延迟复工等紧急措施。在这种情况下，很多企业已经签订的合同无法如期履行，面临违约风险。很多企业认为疫情属于不可抗力事件，因疫情导致违约，企业可以不承担责任。然而，因疫情违约，并不意味着企业就一定可以免责。

《民法典》第180条规定，因不可抗力不能履行民事义务的，不承担民事责任。法律另有规定的，依照其规定。不可抗力是不能预见、不能避免且不能克服的客观情况。第590条规定，当事人一方因不可抗力不能履行合同的，根据不可抗力的影响，部分或者全部免除责任，但是法律另有规定的除外。因不可抗力不能履行合同的，应当及时通知对方，以减轻可能给对方造成的损失，并应当在合理期限内提供证明。当事人迟延履行后发生不可抗力的，不免除其违约责任。

新冠肺炎疫情属于突发性的公共卫生事件，是无法预见的。因此，对于疫情以及应对疫情所采取的延迟复工等措施，合同双方当事人是不能预见、不能避免且不能克服的。疫情在性质上属于法律规定的不可抗力事件。如果企业作为出卖人与他人签订买卖合同，因疫情或者疫情防控措施导致企业（出卖人）不能按照约定的期限完成订单或者交付货物，继续履行不能实现对方（买受人）的合同目的，交易对方（买受人）请求解除合同时，企业（出卖人）负有返还对方已经支付的预付款或者定金的责任。在这种情形下，如果对方要求作为出卖人的企业承担违约责任，企业可提供相应证据证明因受疫情或者疫情防控措施直接影响，导致自身合同义务部分或者全部不能履行。如果确实因疫情或者疫情防控措施直接导致合同不能履行，法院将根据疫情或者疫情防控措施的影响程度部分或者全部免除企业责任，并不一定全部免责。而且，在合同不能履行的情况下，企业应及时通知对方，积极沟通协商，并防止损失扩大，如果未采取前述措施，可能会依法承担相应责任。

第四节　合同的担保

1　企业为他人提供保证，可以约定哪些保证方式？

为提升企业的信用与实力，给企业带来更多的商业机会，对外提供保证已成为企业日常经济活动中不可缺少的部分。企业为他人提供保证的方式包括一般保证和连带责任保证。《民法典》第687条规定，当事人在保证合同中约定，债务人不能履行债务时，由保证人承担保证责任的，为一般保证。第688条规定，当事人在保证合同中约定保证人和债务人对债务承担连带责任的，为连带责任保证。保证方式不同，保证人的权利义务不同，承担的保证责任也不相同。对保证人而言，一般保证与连带责任保证主要有以下区别：

（1）保证人承担的责任不同。《民法典》第687条规定，一般保证的保证人在主合同纠纷未经审判或者仲裁，并就债务人财产依法强制执行仍不能履行债务前，有权拒绝向债权人承担保证责任。第688条规定，连带责任保证的债务人不履行到期债务或者发生当事人约定的情形时，债权人可以请求债务人履行债务，也可以请求保证人在其保证范围内承担保证责任。因此，一般保证的保证人在债务人不能履行债务时，承担补充责任。连带责任保证中，债权人在保证范围内既可以向债务人求偿，也可以向保证人求偿。显然，连带责任保证中保证人的责任较重。

（2）保证人的诉讼地位不同。例如民间借贷案件中，一般保证的债权人可以只列债务人为被告，也可以将债务人、保证人列为共同被告，但不能只列保证人为被告。如果债权人仅起诉保证人，法院将追加债务人为共同被告。而在连带责任保证中，债权人可以只列债务人为被告，也可以只列保证人为被告，还可以将债务人、保证人列为共同被告。

（3）保证人享有的权利不同。一般保证中保证人享有先诉抗辩权，连带责任保证中保证人没有该项权利。先诉抗辩权是指一般保证的保证人在主合同纠纷未经审判或者仲裁，并就债务人财产依法强制执行仍不能履行债务前，对债权人可以拒绝承担保证责任。

如果当事人对保证方式没有约定或者约定不明确，根据原《担保法》相关规定，将按照连带责任保证承担保证责任。《民法典》对此问题作了重大修改，《民法典》第686条规定，当事人在保证合同中对保证方式没有约定或者约定不明确的，按照一般保证承担保证责任。此项修改对债权人和保证人的权利义务有着重大影响。如果企业是保证人，未约定保证方式则推定承担一般保证责任，这有利于保护保证人的权益。如果企业是债权人，如想让保证人承担连带责任保证，以更好地保护自身利益，则须在保证合同条款中明确约定保证方式为连带责任保证。

2 企业应如何在合同中约定保证期间?

《民法典》第692条规定，保证期间是确定保证人承担保证责任的期间，不发生中止、中断和延长。也就是说，保证人在此期限内才承担保证责任，超过该期限，保证人将不再承担保证责任。如果债权人在保证期间内不行使权利，将会产生一定的法律后果。一般保证中，如果债权人未在保证期间对债务人提起诉讼或者申请仲裁，保证人不再承担保证责任。连带责任保证中，如果债权人未在保证期间请求保证人承担保证责任，保证人不再承担保证责任。因此，如何在保证合同中约定保证期间，不仅直接关系到保证人的权利义务，更关乎债权人的切身利益。实践中，保证期间可分为“有约定”“没有约定”和“约定不明”三类情形：

（1）当事人已约定保证期间，且约定有效，保证期间按照当事人之间的约定。例如，连带责任保证中，债权人可与保证人约定保证期间为主合同债务人的主债务履行期限届满之日起3年。

（2）当事人没有约定保证期间，保证期间为主债务履行期限届满之日起6个月。

（3）当事人已约定保证期间，但约定的保证期间早于主债务履行期限或者与主债务履行期限同时届满，则视为没有约定，保证期间为主债务履行期限届满之日起6个月。

（4）当事人已约定保证期间，但约定保证人承担保证责任至主债务本息还清时为止等类似内容，则视为约定不明，保证期间为主债务履行期限届满之日起6个月。对于约定不明时的保证期间，《民法典》对以往法律规定作出了重大修改，由原规定的2年修改为6个月。

企业在与对方签订保证合同时，还可能会面临主债务履行期限没有约定或者约定不明确时，保证期间从何时开始计算的问题。根据《民法典》第511条第4项的规定，主合同履行期限不明确的，债务人可以随时履行，债权人也可以随时请求履行，但是应当给对方必要的准备时间。因此，如果债权人与债务人对主债务履行期限没有约定或者约定不明确，保证期间自债权人请求债务人履行债务的宽限期届满之日起计算。

3　企业签订抵押合同后，抵押权就设立了吗?

企业将款项借给他人时，往往要求借款人提供抵押财产用于担保。很多企业认为签订抵押合同后，抵押权已设立，就可以对抵押物优先受偿。然而，这是对我国抵押担保制度的一种误解。根据《民法典》的相关规定，企业签订抵押合同后，抵押权并不一定就已设立。抵押权的设立，除了签订抵押合同外，还因财产性质的不同而需履行不同的手续，否则会因为办理抵押的手续不完善而影响抵押权设立。

根据《民法典》第 395 条、第 402 条的规定，下列财产设定抵押时，签订抵押合同并不能设立抵押权，抵押权必须经过登记后才能设立：(1) 建筑物和其他土地附着物；(2) 建设用地使用权，包括国有建设用地使用权和符合一定条件的集体经营性建设用地使用权；(3) 海域使用权；(4) 正在建造的建筑物。这种情形下，企业除了签订抵押合同外，还应及时办理抵押登记，此时，抵押权才能设立，企业作为抵押权人才对抵押物享有优先受偿权。

根据《民法典》第 403 条的规定，动产设定抵押时，抵押权自抵押合同生效时设立。但是如果没有登记，该抵押权不能对抗善意第三人。在这种情形下，企业与他人签订的抵押合同生效时，抵押权就依法设立。

因此，抵押合同签订并生效后，并不意味着抵押权就已经设立。为保障抵押权人的抵押权，建议企业接受他人提供抵押财产担保债务时，除了签订抵押合同外，最好与抵押人一同办理抵押登记。

4 企业作为抵押权人可以与抵押人在抵押合同中约定“如到期不能还款，房产归债权人所有”吗？

《民法典》第401条规定，抵押权人在债务履行期限届满前，与抵押人约定债务人不履行到期债务时抵押财产归债权人所有的，只能依法就抵押财产优先受偿。

抵押合同中“如到期不能还款，房产归债权人所有”的条款实质是流押条款。流押条款是指当事人在合同中约定，一旦债务人到期不履行债务，抵押财产就归债权人所有的条款。需要注意的是，当事人在债务履行期限届满前达成的相关协议才是流押条款，如果在债务履行期限届满后，抵押权人与抵押人达成折价协议，以抵押财产清偿到期债务，并非流押条款。根据原《物权法》第186条的规定，抵押权人在债务履行期届满前，不得与抵押人约定在债务人不履行到期债务时抵押财产归债权人所有。《民法典》虽未直接规定流押条款无效，但明确规定了流押条款产生“只能依法就抵押财产优先受偿”的法律效果，故抵押财产仍不能直接归债权人所有。

实践中，企业作为抵押权人与抵押人约定流押条款后，若想依法就抵押财产优先受偿，需满足以下条件：（1）优先受偿的前提是抵押权已依法有效设立。《民法典》第402条规定，以该法第395条第1款第1项至第3项规定的财产或者第5项规定的正在建造的建筑物抵押的，应当办理抵押登记。抵押权自登记时设立。第403条规定，以动产抵押的，抵押权自抵押合同生效时设立；未经登记，不得对抗善意第三人。因此，对于不动产抵押而言，抵押财产登记时抵押权依法设立。对动产抵押来说，当事人签订的抵押合同生效时，抵押权依法设立。（2）依法就抵押财产优先受偿，须按照抵押权实现的相关规定实现抵押权。《民法典》第410条规定，债务人不履行到期债务或者发生当事人约定的实现抵押权的情形，抵押权人可以与抵押人协议以抵押财产折价或者以拍卖、变卖该抵押财产所得的价款优先受偿。根据该规定，抵押权的实现有折价、拍卖、变卖等方式。因此，流押条款下，抵押权人可以通过折价、拍卖、变卖等方式就抵押财产优先受偿，实现自身合法权益。

5 债务人不履行到期债务，企业可以留置债务人的动产吗？

《民法典》第 447 条规定，债务人不履行到期债务，债权人可以留置已经合法占有的债务人的动产，并有权就该动产优先受偿。因此，债务人不履行到期债务，企业作为债权人，可以留置债务人的动产，但需注意以下事项：

（1）企业行使留置权，只能针对已到期的债务，且债务人未履行该到期债务。债务没到履行期，作为债权人的企业不能留置债务人的动产。企业留置权优先受偿的范围限于债权的范围，如果留置物的价值大于主债权价值，企业作为留置权人必须将多余部分予以返还。

（2）企业已经合法占有债务人的动产。《民法典》第 448 条规定，债权人留置的动产，应当与债权属于同一法律关系，但是企业之间留置的除外。因此，企业不能因为债务人未履行到期债务而随意留置债务人的动产，企业留置的动产应与企业的债权属于同一法律关系。例如，保管合同中，保管人享有的保管费用这一债权，与保管人对保管物的占有都是因保管合同法律关系而产生。如果债权人与债务人均为企业，则债权人留置的动产并非必须与债权属于同一法律关系。

（3）留置的动产需是法律规定或者当事人约定可以留置的动产，如果法律规定或者当事人约定不能留置某些动产，则不能留置。《民法典》第449条规定，法律规定或者当事人约定不得留置的动产，不得留置。例如，毒品、枪支弹药等禁止流通物，依法不能留置。

（4）留置权人负有保管等义务。《民法典》第451条规定，留置权人负有妥善保管留置财产的义务；因保管不善致使留置财产毁损、灭失的，应当承担赔偿责任。因此，企业留置债务人的动产后，要妥善保管，如果因保管不善使得留置财产毁损、灭失，企业应承担赔偿责任。此外，企业留置债务人的动产后，不能擅自使用、出租或者处分留置物。当债务人清偿债务后，或者债务人提供其他有效担保而导致留置权消灭，留置权人负有返还留置物的义务。

6　抵押期间，企业可以转让自己已抵押的财产吗？

市场交易活动中，企业免不了要以自己的财产为他人提供抵押，根据《民法典》第406条“抵押期间，抵押人可以转让抵押财产。当事人另有约定的，按照其约定。抵押财产转让的，抵押权不受影响。抵押人转让抵押财产的，应当及时通知抵押权人。抵押权人能够证明抵押财产转让可能损害抵押权的，可以请求抵押人将转让所得的价款向抵押权人提前清偿债务或者提存。转让的价款超过债权数额的部分归抵押人所有，不足部分由债务人清偿”的规定，抵押期间，企业作为抵押人可以转让抵押财产，但应履行通知义务。

原《担保法》第49条规定，抵押人未通知抵押权人或者未告知受让人的，转让行为无效。原《物权法》第191条规定，抵押期间，抵押人未经抵押权人同意，不得转让抵押财产。《民法典》改变了原《担保法》和《物权法》的规定，抵押期间，抵押人转让抵押财产无须取得抵押权人同意，仅需在转让时及时通知抵押权人即可。如果抵押人未履行通知义务，不影响转让行为的效力。但是，抵押人未将转让抵押财产的事实通知抵押权人，会影响抵押权人及时主张权利，可能构成对抵押合同的违约，抵押权人可根据约定或者法律规定请求抵押人承担违约责任。当然，如果企业（抵押人）与抵押权人在抵押合同中约定，抵押财产不能转让，或者抵押人转让抵押财产必须征得抵押权人同意，那么这种约定在当事人之间是有效的。

需要注意的是，企业（抵押人）可在抵押期间自行转让抵押财产，并不意味着抵押权人的利益将因此而受到损害。如果企业（抵押人）转让抵押财产可能损害抵押权，抵押权人在提供相应证据证明后，可以请求抵押人将转让所得的价款用于提前清偿债务或者提存。

7　企业可以与他人签订浮动抵押合同吗？

《民法典》第396条规定，企业、个体工商户、农业生产经营者可以将现有的以及将有的生产设备、原材料、半成品、产品抵押，债务人不履行到期债务或者发生当事人约定的实现抵押权的情形，债权人有权就抵押财产确定时的动产优先受偿。因此，企业可以与他人签订浮动抵押合同，抵押权自浮动抵押合同生效时设立。浮动抵押是指为担保债务的履行，企业将现有的以及未来可能买进的生产设备、原材料、半成品、产品、生产原材料等动产设定抵押，当债务人不履行到期债务或者发生当事人约定的实现抵押权的情形时，债权人有权就抵押财产确定时的动产优先受偿。企业设定浮动抵押，需注意以下几点：

（1）设立浮动抵押的财产限于生产设备、原材料、半成品、产品。除此之外的动产、不动产、知识产权等不能设立浮动抵押。

（2）浮动抵押设定后，抵押财产并非固定不变，而是不断发生变化，企业（抵押人）可以将抵押的生产设备等财产卖出，不必经抵押权人同意（如果企业恶意实施损害抵押权人利益的行为，抵押权人可追回抵押财产）。只有当约定或者法定事由发生时，抵押财产才确定。根据《民法典》第411条的规定，动产浮动抵押的抵押财产价值的确定时间为：①债务履行期限届满，债权未实现。②抵押人被宣告破产或者解散。③当事人约定的实现抵押权的情形。④严重影响债权实现的其他情形。当浮动抵押财产被确定后，变成固定抵押，债权人才有权对抵押财产确定时的动产优先受偿。

（3）设立浮动抵押应有书面合同，企业与他人签订浮动抵押合同后，即使未经登记，抵押权也有效设立，但是不能对抗善意第三人。合同中应对担保债权的种类、数额、债务履行期间、抵押财产范围、实现抵押权条件等内容明确约定。

第五章

企业知识产权保护

1　企业自主研发的技术一定能够成功申请专利吗?

专利是指一项发明创造向国家审批机关提出专利申请，经依法审查合格后向专利申请人授予的在规定的时间内对该项发明创造享有的专有权。非专利权人要想使用他人的专利技术，必须依法征得专利权人的同意或许可。在我国，专利分为发明、实用新型和外观设计三种类型。近年来，企业越来越意识到专利有助于提升核心竞争力，纷纷加强专利申请工作。可是，很多企业存在一种误区，即企业自主研发的技术一定能够成功申请专利。事实上，企业拥有自主研发的技术并不意味着企业就拥有专利权。

首先，根据我国《专利法》第22条的规定，授予专利权的发明和实用新型，应当具备新颖性、创造性和实用性。如果企业研发的技术不具有上述特征，则不具备被授予专利权的条件，不能成功申请专利。

其次，我国专利申请采用的是在先申请原则，即两个以上的申请人分别就同样的发明创造申请专利的，专利权授予最先申请的人。因此，如果企业已自主研发出技术，应及时申请专利。如果不先申请，而他人就同样的技术已向相关部门提出申请，并记载在申请日之后公布的专利申请文件或公告的专利文件中，那么该企业即使有这项自主研发的技术，也无法获得专利权，无法得到法律的确认和保护。当他人盗用企业技术成果时，如企业对技术不具有专利权，就无法追究盗用者的法律责任。

需要注意的是，企业在申请专利前需要做好查新检索工作，即检索自己的技术方案有没有公开或者公开使用过。如果他人已就该项技术申请过专利，或者在相关文献中公开过，那么企业以同样的技术去申请专利，将无法获得专利权。

2 员工在工作中完成的发明创造，企业可以申请专利吗?

《专利法》第 6 条规定，执行本单位的任务或者主要是利用本单位的物质技术条件所完成的发明创造为职务发明创造。职务发明创造申请专利的权利属于该单位，申请被批准后，该单位为专利权人。该单位可以依法处置其职务发明创造申请专利的权利和专利权，促进相关发明创造的实施和运用。由此可见，并不是员工在工作中完成的任一发明创造，企业都有权申请专利。对于员工在工作中完成的发明创造，企业可视具体情况作出如下处理：

（1）对于执行本单位任务所完成的职务发明创造，申请专利的权利属于企业，申请被批准后，企业为专利权人。企业也可以依法处置员工职务发明创造申请专利的权利和专利权，促进相关发明创造的实施和运用。根据《专利法实施细则》第 12 条的规定，以下发明创造可视为执行本单位任务所完成的职务发明创造：①在本职工作中作出的发明创造；②履行本单位交付的本职工作之外的任务所作出的发明创造；③退休、调离原单位后或者劳动、人事关系终止后 1 年内作出的，与其在原单位承担的本职工作或者原单位分配的任务有关的发明创造。

（2）对于主要利用本单位的物质技术条件所完成的职务发明创造，企业可与发明人或者设计人签订合同，对申请专利的权利和专利权的归属作出约定。如果企业与发明人或者设计人没有对申请专利的权利和专利权的归属进行约定，根据《专利法》第 6 条规定，企业享有该职务发明创造申请专利的权利，如果申请被批准，企业为专利权人。根据《专利法实施细则》第 12 条的规定，利用本单位的资金、设备、零部件、原材料或者不对外公开的技术资料等视为利用本单位的物质技术条件。

（3）对于非职务发明创造，发明人或者设计人依法享有申请专利的权利，企业不得压制发明人或者设计人该项权利。如果申请被批准，该发明人或者设计人为专利权人。

员工在工作中执行本单位任务或者主要利用本单位的物质

技术条件所完成的职务发明创造，如果经企业申请专利，且被批准后，根据《专利法》第15条的规定，被授予专利权的企业应当对职务发明创造的发明人或者设计人给予奖励。发明创造专利实施后，根据其推广应用的范围和取得的经济效益，对发明人或者设计人给予合理的报酬。被授予专利权的企业也可以实行产权激励，采取股权、期权、分红等方式，使发明人或者设计人合理分享创新收益，激发员工发明创造的热情，提升企业核心竞争力。

3 企业未及时缴纳专利年费有什么后果？

我国《专利法》第43条规定，专利权人应当自被授予专利权的当年开始缴纳年费。专利年费是指专利权人为维持其专利权的效力，在专利权有效期内逐年向专利局缴纳的费用，用以维持专利权的有效性。专利的费用应每年缴纳，而且必须是在规定的日期进行缴纳。专利权作为知识产权的一种，具有时间性、地域性及排他性，专利权人只在专利有效期内享有专有权，有效期满，专利权自行失效。《专利法》第44条规定专利权在非期限届满前终止有两种情形，一种是专利权人没有按期缴纳年费导致专利权终止，另一种是专利权人以书面形式声明放弃专利权。因此，企业在获得专利法律保护的同时，也要履行缴纳专利年费的义务。

《专利法实施细则》第 93 条规定，向国务院专利行政部门申请专利和办理其他手续时应当缴纳专利登记费、公告印刷费、年费。企业申请专利办理登记手续时，应当缴纳专利登记费、公告印刷费和授予专利权当年的年费，如果期满未缴纳或者未缴足，将被视为未办理登记手续。根据《专利法实施细则》第 98 条规定，专利年费应当在上一年度期满前缴纳。如果未及时缴纳或缴纳不足，企业须自应当缴纳年费期满之日起 6 个月内补缴，同时缴纳滞纳金。滞纳金的金额按照每超过规定的缴费时间 1 个月，加收当年全额年费的 5% 计算。如果期满仍未缴纳，专利权自应当缴纳年费期满之日终止。由此可见，企业未按期缴纳专利年费，面临的后果有：（1）产生滞纳金。一般这个时间是申请日期往后推 6 个月，这段时间只需要缴纳滞纳金而无需请求权利恢复。（2）专利权终止。一旦企业超过半年仍未缴纳专利年费，则专利局会以发出《专利权终止通知书》的形式通知企业专利权终止。

4　企业假冒专利有什么后果？

实践中，有的企业法律意识淡薄，未经许可在自己制造的产品或者产品包装上标注他人专利号，构成假冒他人专利的行为。企业如果实施了《专利法实施细则》第84条规定的假冒专利的行为，将承担以下责任：

（1）民事责任

①停止侵权。专利侵权行为人应当根据负责专利执法的部门的处理决定或者人民法院的裁判，立即停止正在实施的专利侵权行为。

②赔偿损失。按照《专利法》第71条的规定，侵犯专利权的赔偿数额按照专利权人因被侵权所受到的实际损失或者侵权人因侵权所获得的利益确定；专利权人的损失或者侵权人获得的利益难以确定的，参照该专利许可使用费的倍数合理确定。对故意侵犯专利权，情节严重的，可以在按照上述方法确定数额的1倍以上5倍以下确定赔偿数额。如果权利人的损失、侵权人获得的利益和专利许可使用费均难以确定，人民法院可以根据专利权的类型、侵权行为的性质和情节等因素，确定给予3万元以上500万元以下的赔偿。

③消除影响。在侵权行为人实施侵权行为给专利产品在市场上的商誉造成损害时，侵权行为人就应当采用适当的方式承担消除影响的法律责任，承认自己的侵权行为，以达到消除对专利产品造成的不良影响。

（2）行政责任

按照《专利法》第68条的规定，对专利侵权行为，负责专利执法的部门将责令企业停止侵权行为、责令改正并予公告、没收违法所得、处违法所得 5 倍以下的罚款，如果没有违法所得或者违法所得在 5 万元以下的，处 25 万元以下的罚款。

（3）刑事责任

按照《专利法》第 68 条和《刑法》第 216 条的规定，假冒他人专利，情节严重的，对企业直接责任人员追究刑事责任，处 3 年以下有期徒刑或者拘役，并处或者单处罚金。

5　企业作为专利权人与他人签订专利实施许可合同后，自己还可以实施该专利吗？

企业申请专利并成为专利权人后，为有效运用专利，提高专利收益能力，促进企业发展，很多企业与他人签订专利实施许可合同。专利实施许可合同的许可人按照约定许可被许可人实施专利，交付实施专利有关的技术资料，提供必要的技术指导。被许可人按照约定的范围实施专利，不得许可约定以外的第三人实施该专利，并按照约定支付使用费。企业作为专利权人与他人签订专利实施许可合同后，自己是否还可以实施该专利，要看专利实施许可的具体方式。

《最高人民法院关于审理技术合同纠纷案件适用法律若干问题的解释》第 25 条规定，专利实施许可包括以下方式：（1）独占实施许可，是指许可人在约定许可实施专利的范围内，将该专利仅许可一个被许可人实施，许可人依约定不得实施该专利；（2）排他实施许可，是指许可人在约定许可实施专利的范围内，将该专利仅许可一个被许可人实施，但许可人依约定可以自行实施该专利；（3）普通实施许可，是指许可人在约定许可实施专利的范围内许可他人实施该专利，并且可以自行实施该专利。当事人对专利实施许可方式没有约定或者约定不明确的，认定为普通实施许可。专利实施许可合同约定被许可人可以再许可他人实施专利的，认定该再许可为普通实施许可，但当事人另有约定的除外。

由此可见，专利实施许可合同转让的专利使用权分为普通使用权、排他使用权和独占使用权。如果签订的是普通实施许可合同，企业作为许可人不仅可以许可他人实施专利，还可以自己实施专利。如果签订的是排他实施许可合同，虽然仅许可一个被许可人实施专利，但企业作为许可人依约定可以自己实施该专利。如果签订的是独占实施许可合同，企业仅许可一个被许可人实施专利，且企业作为许可人依约不能实施该专利。因此，企业在与他人签订普通实施许可合同、排他实施许可合同的情况下，企业作为许可人可以自己实施该专利。如果与他人签订独占实施许可合同，企业作为许可人不能实施该专利。

6 企业如何保护自身技术?

企业的技术关乎企业的竞争力，对企业的发展至关重要，保护好自身技术，有助于企业在激烈的市场竞争中立于不败之地。因此，企业应采取有效措施保护自身技术。具体而言，企业可采取的保护措施主要有：

（1）采用技术秘密加以保护。技术秘密是指不为公众所知悉具有商业价值并经权利人采取保密措施的技术信息，包括未申请专利的技术、未授予专利权的技术等。企业的客户数据、产品配方、工艺流程、设计图纸等技术信息只要符合商业价值性、保密性、实用性，就属于技术秘密的范畴。采用技术秘密的优势是如果保密得当，他人难以知晓，企业可拥有独家技术成果。但是采用技术秘密也面临泄密和第三方独立研发的风险，技术秘密一旦泄露，被泄密的技术将进入公共领域，可能会给企业带来不可估量的经济损失，而且泄密后，企业维权难度较大。如果第三方独立研发了相关技术，则企业不能阻止第三方实施或者公开该技术，且若第三方申请了专利，企业再使用该技术，将构成侵权，企业应承担相应的法律责任。

（2）采用专利加以保护。企业可将相关技术申请专利，申请被批准后，企业将成为专利权人。提交专利申请后，根据专利在先申请原则，企业可以对抗他人获得同样技术的专利权。采用专利保护的优势是保护力度更大、更全面，维权方法也相对简单。但专利的缺点是申请专利需要公开技术方案，而且以所属技术领域的技术人员能够实现为准，这给他人提供了在该技术方案基础上进一步研发的机会。

因此，企业在权衡技术秘密与专利各自优劣的基础上，可根据技术的具体情况选择合适的方式。如果是第三方容易独立研发出的技术，若想抢占市场，最好采用专利保护。如果是容易保密的技术，可采用技术秘密保护，加强对涉密场所、人员、载体、合同等管理，防止泄密。

7 企业可以用商标出资入股吗？

《公司法》第 27 条规定，股东可以用货币出资，也可以用实物、知识产权、土地使用权等可以用货币估价并可以依法转让的非货币财产作价出资；但是，法律、行政法规规定不得作为出资的财产除外。对作为出资的非货币财产应当评估作价，核实财产，不得高估或者低估作价。法律、行政法规对评估作价有规定的，从其规定。因此，商标权作为知识产权的一种，可以作为无形资产进行出资入股。但是，企业用商标出资入股需要满足两个基本条件：一是企业拥有完整、合法的商标权。

二是用于出资入股的商标权具有一定的价值，可以依法转让。

与实物、土地使用权出资相比，知识产权的价值难以确定。实物、土地使用权通常都有相应的市场价格，即使实物已经使用过，也有相应的折旧计算方法，而在知识产权市场上，没有较统一的市场价。例如，某一商标比同类商品或服务上的商标知名度更高，那么该商标比其他商标价值更高，但究竟比其他商标的价值高出多少，很难精确地计算出来。因此，企业作为商标注册人以商标入股，需委托评估机构对商标进行价值评估，以评估的价值入股，评估应由有评估资格的资产评估机构（包括资产评估事务所、会计师事务所、审计事务所、财务咨询公司等）进行。

另外，根据《公司法司法解释三》第 10 条的规定，企业以商标权出资，应当依法办理相应的权属变更手续，如果没有办理权属变更手续，企业将被视为没有完成出资义务。

8 企业未进行“商标变更”，会有什么法律风险?

商标变更是指变更注册商标的注册人、注册地址或者其他事项。《商标法》第 41 条规定，注册商标需要变更注册人的名义、地址或者其他注册事项的，应当提出变更申请。《商标法实施条例》第 30 条第 2 款规定，变更商标注册人名义或者地址的，商标注册人应当将其全部注册商标一并变更；未一并变更的，由商标局通知其限期改正；期满未改正的，视为放弃变更申请，商标局应当书面通知申请人。可见，企业商标注册后，如果企业名义、地址或者其他注册事项需要变更，企业应及时进行“商标变更”。如果企业未进行“商标变更”，可能面临以下法律风险：

（1）企业自行改变商标注册事项，注册商标可能被相关部门撤销。根据《商标法》第 49 条第 1 款的规定，企业变更商标应向商标局提出变更申请，而不能自行改变注册商标、注册人名义、地址或者其他注册事项。如果企业自行改变商标注册事项，将被相关部门责令限期改正。如果期满不改正，企业注册商标将被撤销。

（2）影响商标转让、续展等事宜。企业办理商标转让、续展等事项时，商标局通常会核对商标注册的信息与企业营业执照的地址、名字是否一致，如果发现不一致，商标局将驳回转让、续展等申请，等商标变更后，再办理商标转让、续展等手续。因此，企业未进行“商标变更”将直接影响商标的管理及使用。

（3）如果他人向商标局申请撤销企业的注册商标，企业可能无法提供直接使用证据。《商标法》第 49 条第 2 款规定，注册商标成为其核定使用的商品的通用名称或者没有正当理由连续3年不使用的，任何单位或者个人可以向商标局申请撤销该注册商标。如果他人向商标局申请撤销连续3年未使用的注册商标，商标局通常会向商标注册人邮寄通知书，如果企业未进行地址等变更备案，企业可能无法收到通知书，影响企业在规定期限内提供商标使用证据，可能导致注册商标被撤销。

9 企业正在申请注册的商标可以加注“®”吗？

商标是企业的无形资产，商标的基本功能在于区分商品和服务的来源，保护商品商誉。企业可以通过注册商标创立自己的品牌，抢先占领市场，为企业带来更好的经济效益。《商标法》第9条规定，申请注册的商标，应当有显著特征，便于识别，并不得与他人在先取得的合法权利相冲突。商标注册人有权标明“注册商标”或者注册标记。《商标法实施条例》第63条规定，使用注册商标，可以在商品、商品包装、说明书或者其他附着物上标明“注册商标”或者注册标记。注册标记包括㊟和®。使用注册标记，应当标注在商标的右上角或者右下角。可见，®是注册商标的标记之一，®也是国际上通用的注册商标标记，是英语单词“register”首字母的大写。商标标记®的，表明该商标已在国家商标局进行注册申请并已经商标局审查通过，成为注册商标。因此，正在申请注册的商标尚未被商标局审查通过，还不属于注册商标，不可以加注®。

实践中，企业正在申请注册的商标可以加注“TM”，“TM”是英文“trade mark”的缩写，企业就某一商标向国家商标局提交商标注册申请后，可以在该商标的使用过程中标注“TM”，直至该商标成功注册后改为®。但是，“TM”的使用不像®在商标上的使用那样具有法律效力，商标申请过程中使用“TM”标识，只能起到警示他人以防抢注或恶意侵权的作用。因此，企业应及时注册商标，这样才享有商标专用权，才能更好地受到法律保护。

10 企业可以永久使用注册商标吗?

很多企业在长期发展中愿意使用同一商标，因为商标使用时间越长，越容易积累商标的知名度和信誉，越容易被市场和大众接受和认可。然而，《商标法》第39条规定，注册商标的有效期为10年，自核准注册之日起计算。可见，企业注册商标后，注册商标依法具有10年的有效期，而非永久有效。不过，企业依法办理续展手续后，可以永久使用注册商标。

《商标法》第40条规定，注册商标有效期满，需要继续使用的，商标注册人应当在期满前12个月内按照规定办理续展手续；在此期间未能办理的，可以给予6个月的宽展期。每次续展注册的有效期为10年，自该商标上一届有效期满次日起计算。期满未办理续展手续的，注销其注册商标。因此，企业如果打算永久使用注册商标，应在注册商标期满前12个月内按照相关规定向商标局提交商标续展注册申请书。商标局核准企业商标注册续展申请后，企业可继续使用该注册商标。需要注意的是，续展后的注册商标有效期也是10年，企业需要在续展后的注册商标有效期满前12个月内继续提交新的续展申请，以延续使用注册商标。

如果企业想永久使用商标却由于种种原因未能在法定期限内办理续展手续，可以向商标局提交宽展申请。宽展期后仍未办理续展手续，商标局将注销企业的注册商标。根据《商标法》第50条“注册商标被撤销、被宣告无效或者期满不再续展的，自撤销、宣告无效或者注销之日起一年内，商标局对与该商标相同或者近似的商标注册申请，不予核准”的规定，如果企业未按期办理续展手续，那么企业若想通过再次申请注册的方式使用原商标，会受到一年期的限制，这将给企业带来不可估量的损失。因此，企业应建立长效的商标管理制度，及时核查注册商标的有效期，依法办理续展手续，以达到永久使用注册商标的目的。

11 经营商场的企业可以公开播放付费下载的音乐吗？

消费者逛商场时，经常听到悠扬的背景音乐，身心更加放松，购物愉悦感随之提升。有的企业认为，播放付费下载的音乐，无需再另外缴纳使用费。然而，经营商场的企业在商场公开播放音乐，即使播放的是付费下载的音乐，也可能构成侵权。

《著作权法》第53条规定，未经著作权人许可，复制、发行、表演、放映、广播、汇编、通过信息网络向公众传播其作品的，应当根据情况，承担停止侵害、消除影响、赔礼道歉、赔偿损失等民事责任。企业未经权利人许可，在其经营场所将下载的歌曲作为背景音乐予以播放，侵害了权利人就该作品享有的表演权，如果不符合合理使用的范畴，应当承担停止侵权、赔偿损失的民事责任。根据《著作权法》第10条的规定，表演权是指“公开表演作品，以及用各种手段公开播送作品的表演的权利”。通常情况下，表演包括现场表演和机械表演两种。现场表演是指演出者直接向观众表现作品的行为，如演唱会上歌手的现场表演。机械表演是指对作品的表演使用机械设备予以公开播放，例如使用光盘、电子媒体等形式播放。

经营商场的企业在公共场所播放背景音乐，实质是对权利人作品的表演录制后使用机器设备进行公开播放，侵害了权利人就作品所享有的表演权。在营业场所播放背景音乐虽非直接利用背景音乐获利，但播放背景音乐能够提高消费者在购物过程中的愉悦程度，有利于促进业务，作为经营者的企业应向著作权人支付合理使用费。

因此，企业通过合法途径付费下载的音乐作品，企业享有的使用权限也仅仅是自我欣赏范围内的反复收听与播放，并不意味着同时获得了包括表演权在内的其他著作权利。如要公开播放该音乐，仍需取得著作权人的许可，否则就可能会构成侵权，陷入法律纠纷。

12　企业微信公众号能转载网络图片吗？

自媒体时代，越来越多的企业重视运营微信公众号进行宣传和营销，以扩大企业影响力。一些企业为降低成本，在微信公众号中转载随意下载的网络图片，殊不知，这种行为可能构成侵权行为，既影响企业声誉，又造成经济损失。

如果企业微信公众号所转载的网络图片本身不具备独创性，该图片就不属于法律保护的作品，企业微信公众号转载该图片，当然不构成侵权。

如果企业微信公众号所转载的网络图片具有独创性，则该图片属于著作权法保护的作品。实践中，有的网络图片会标明

“转载请标明来源”，一些企业认为该图片可视为著作权人许可他人转载，只要标明作者和来源，就不会构成侵权。《信息网络传播权保护条例》第2条规定，任何组织或者个人将他人的作品、表演、录音录像制品通过信息网络向公众提供，应当取得权利人许可，并支付报酬。因此，企业微信公众号转载该种网络图片，除标明图片来源和出处外，还应向著作权人支付报酬。如果企业转载网络图片符合《著作权法》第24条规定的合理使用的情形，则企业可以不经著作权人许可，也不用支付报酬，只需标明作者姓名、作品名称即可，但是不能侵犯著作权人的其他著作权利。

根据《著作权法》第52条、第54条的规定，企业如果随意转载网络图片，构成侵权，将承担停止侵害、消除影响、赔礼道歉、赔偿损失等民事责任。赔偿损失时，应当按照著作权人的实际损失或侵权人的违法所得给予赔偿。权利人的实际损失或者侵权人的违法所得难以计算的，可以参照该权利使用费给予赔偿。如果是故意侵犯著作权，情节严重的，可以在按照上述方法确定数额的1倍以上5倍以下给予赔偿。权利人的实际损失、侵权人的违法所得、权利使用费难以计算的，由人民法院根据侵权行为的情节，判决给予500元以上500万元以下的赔偿。此外，赔偿数额还包括权利人为制止侵权行为所支付的合理开支。可见，企业为节约成本，免费下载并使用网络图片，如构成侵权行为，要承担赔偿损失等法律责任，反而给企业增加更多成本，得不偿失。因此，企业应增强版权意识，不要在微信公众号中使用随意下载的网络图片，应从经合法授权的正规图库中购买图片，或者企业自身拍摄相关图片来宣传和推广。

13 企业使用员工在工作中完成的作品，是否构成侵权？

《著作权法》第 11 条第 3 款规定，由法人或者非法人组织主持，代表法人或者非法人组织意志创作，并由法人或者非法人组织承担责任的作品，法人或者非法人组织视为作者。第 18 条第 1 款规定，自然人为完成法人或者非法人组织工作任务所创作的作品是职务作品，除该条第 2 款的规定以外，著作权由作者享有，但法人或者非法人组织有权在其业务范围内优先使用。作品完成 2 年内，未经单位同意，作者不得许可第三人以与单位使用的相同方式使用该作品。

实践中，企业员工常常在工作中完成很多作品，企业使用该作品，是否构成侵权，要具体问题具体分析：

（1）对于由企业主持，代表企业意志创作，并由企业承担责任的作品，企业依法应视为作者。企业作为著作权人使用该作品，不构成侵权。

（2）对于员工为履行工作职责、完成工作任务所创作的作品，依法属于职务作品。员工作为作者依法享有著作权，但是依据《著作权法》第 18 条第 1 款的规定，企业有权在其业务范围内优先使用该作品。这种情形下，企业享有优先使用权和 2 年的专有使用权，企业使用员工完成的该作品，依法不构成侵权。

（3）对于员工主要利用企业的资金、设备、资料等物质技术条件创作，并由企业承担责任的工程设计图、产品设计图、地图、示意图、计算机软件等职务作品，或者法律、行政法规规定或者合同约定著作权由企业享有的职务作品，依据《著作权法》第 18 条第 2 款的规定，员工作为作者享有署名权，著作权的其他权利由企业享有，企业可以给予作者奖励。这种情形下，企业如果不当使用该作品，可能侵犯作者的署名权。

（4）对于员工完成的除上述三种情形以外的其他作品，企业如果擅自使用，将构成侵权。

14 企业如何维护自身计算机软件著作权？

计算机软件著作权是指软件的开发者或者其他权利人依据著作权法律的有关规定，对于软件作品所享有的各项专有权利。根据《计算机软件保护条例》第 14 条的规定，我国企业对自己开发的计算机程序及其有关文档，不论是否发表，自软件开发完成之日享有软件著作权。计算机软件著作权可提升企业品牌价值，增加企业无形资产，增强企业竞争力。因此，企业应采取全面、有效的措施保护自身计算机软件著作权。

首先，企业作为软件著作权人应向国务院著作权行政管理部门认定的软件登记机构申请办理登记。软件登记机构发放的登记证明文件是登记事项的初步证明，企业取得《软件著作权登记证书》后，就取得初步的权利证明。如果与他人发生软件著作权争议，可用《软件著作权登记证书》主张权利。

其次，企业应提前明确约定合作开发、委托开发等情形下软件著作权的归属，以免产生纠纷。合作开发的软件，如果没有约定著作权的归属，软件可以分割使用的，开发者对各自开发的部分可以单独享有著作权。软件不能分割使用的，著作权由各合作开发者共同享有。委托开发的软件，如果没有约定著作权的归属，受托人依法享有著作权。因此，企业应在相关合同中，明确约定软件著作权的归属，防止因约定不明而引发争议。

最后，根据《计算机软件保护条例》第 8 条的规定，软件著作权人享有发表权、署名权、修改权、复制权、发行权、出租权、信息网络传播权、翻译权等权利。如果他人实施了《计算机软件保护条例》第 23 条、第 24 条规定的未经软件著作权人许可，发表或者登记其软件等侵权行为以及复制或者部分复制著作权人的软件等侵权行为，企业作为软件著作权人可要求侵权人承担停止侵害、消除影响、赔礼道歉、赔偿损失等民事责任。为及时制止侵权行为，减少损失，在证据可能灭失或者以后难以取得的情况下，企业可依法在起诉前向法院申请保全证据。

第六章

企业财税与融资

1 个体工商户、个人独资企业和一人有限责任公司缴纳的税一样吗?

个人创业时，可以选择个体工商户、个人独资企业、一人有限责任公司等不同的创业模式，不同的创业模式，所缴纳的税并不相同。具体而言，有如下不同：

（1）个体工商户

《民法典》第54条规定，自然人从事工商业经营，经依法登记，为个体工商户。个体工商户可以起字号。个体工商户属于自然人范畴，不具备法人资格。因此，个体工商户不缴纳企业所得税，只需要缴纳个人所得税。

个体工商户纳税时会遇到个人所得税的税率、应纳税所得额等问题。根据《个人所得税法》第3条、第6条的规定，经营所得，个人所得税的税率适用5%至35%的超额累进税率。经营所得以每一纳税年度的收入总额减除成本、费用以及损失后的余额，为应纳税所得额。《个人所得税法》第12条对纳税时间等作出了规定，纳税人取得经营所得，按年计算个人所得税，由纳税人在月度或者季度终了后15日内向税务机关报送纳税申报表，并预缴税款；在取得所得的次年3月31日前办理汇算清缴。

（2）个人独资企业

根据《个人独资企业法》第 2 条规定，个人独资企业是指依法在中国境内设立，由一个自然人投资，财产为投资人个人所有，投资人以其个人财产对企业债务承担无限责任的经营实体。《民法典》第 102 条规定，非法人组织是不具有法人资格，但是能够依法以自己的名义从事民事活动的组织。非法人组织包括个人独资企业、合伙企业、不具有法人资格的专业服务机构等。可见，个人独资企业属于非法人组织，不具备法人资格。根据《国务院关于个人独资企业和合伙企业征收所得税问题的通知》，个人独资企业的生产经营所得，比照个体工商户的生产、经营所得征收个人所得税。

（3）一人有限责任公司

一人有限责任公司是指只有一个自然人股东或者一个法人股东的有限责任公司。公司的全部股份或出资全部归属于一个股东，一人有限责任公司具有法人资格。一人有限责任公司应当在每一会计年度终了时编制财务会计报告，并经会计师事务所审计。根据《企业所得税法》第 1 条、第 4 条的规定，一人有限责任公司应缴纳企业所得税，企业所得税的税率为 25%，企业所得税按纳税年度计算，纳税年度自公历 1 月 1 日起至 12 月 31 日止。

2 企业发票丢失了怎么办？

企业免不了有丢失发票的情况，如果不慎丢失发票，企业须及时采取以下措施：

（1）向税务机关提交发票遗失书面报告

根据国家税务总局第48号令《关于公布取消一批税务证明事项以及废止和修改部分规章规范性文件的决定》，2019年7月起，无论是丢失专用发票、普通发票都不需要再提交发票丢失登报作废声明。《发票管理办法实施细则》第31条规定，使用发票的单位和个人应当妥善保管发票。发生发票丢失情形时，应当于发现丢失当日书面报告税务机关。可见，企业丢失发票后要在丢失当日向税务机关提交发票遗失书面报告。

（2）根据丢失的发票种类及联次，采取不同的解决办法

《国家税务总局关于增值税发票综合服务平台等事项的公告》第4条规定，纳税人同时丢失已开具增值税专用发票或机动车销售统一发票的发票联和抵扣联，可凭加盖销售方发票专用章的相应发票记账联复印件，作为增值税进项税额的抵扣凭证、退税凭证或记账凭证。纳税人丢失已开具增值税专用发票或机动车销售统一发票的抵扣联，可凭相应发票的发票联复印件，作为增值税进项税额的抵扣凭证或退税凭证；纳税人丢失

已开具增值税专用发票或机动车销售统一发票的发票联，可凭相应发票的抵扣联复印件，作为记账凭证。因此，企业丢失已开具的增值税专用发票的联次不同，相应的解决方法也不同。简单来说，丢失一联，用另一联补上。如果同时丢失，则用加盖销售方发票专用章的相应发票记账联复印件。

如果丢失已开具的增值税普通发票，参照财政部《会计基础工作规范》第 55 条的规定，可以取得证明时，应当取得原开出单位盖有公章的证明，并注明原来凭证的号码、金额和内容等，由经办单位会计机构负责人、会计主管人员和单位领导人批准后，代作原始凭证。已丢失的增值税普通发票确实无法取得证明时，如火车、轮船等凭证，由当事人写出详细情况，由经办单位会计机构负责人、会计主管人员和单位领导人批准后，代作原始凭证。

需要注意的是，企业丢失发票不仅会给自己带来诸多不便，而且根据《发票管理办法》第 36 条的规定，企业丢失发票，由税务机关责令改正，可处 1 万元以下罚款。情节严重的，处 1 万元以上 3 万元以下罚款，有违法所得的予以没收。

3 企业欠税将承担哪些法律责任？

依法纳税是企业应尽的法定义务，但是欠缴税款行为在实践中时有发生。欠税是指纳税人、扣缴义务人超过征收法律法规规定或税务机关依照税收法律、法规规定的纳税期限，未缴或少缴税款的行为。企业欠缴税款，不仅影响企业纳税信用等级评价，还可能承担以下法律责任：

（1）由税务机关责令限期缴纳或者解缴税款。根据《税收征收管理法实施细则》第73条的规定，从事生产、经营的纳税人、扣缴义务人未按照规定的期限缴纳或者解缴税款的，纳税担保人未按照规定的期限缴纳所担保的税款的，由税务机关发出限期缴纳税款通知书，责令缴纳或者解缴税款的最长期限不得超过15日。可见，企业欠缴税款，税务机关将责令限期缴纳或者解缴税款。

（2）交纳滞纳金 。根据《税收征收管理法》第32条的规定，企业未按照规定期限缴纳税款，税务机关除责令限期缴纳外，从滞纳税款之日起，税务机关应按日加收滞纳税款5‱的滞纳金。加收滞纳金的起止时间，从法律、行政法规规定或者税务机关依照法律、行政法规的规定确定的税款缴纳期限届满次日起至纳税人、扣缴义务人实际缴纳或者解缴税款之日止。

（3）逾期仍未缴纳由税务机关采取强制执行措施。根据《税收征收管理法》第40条的规定，企业如果逾期仍未缴纳税款，税务机关将采取以下强制执行措施：①书面通知企业开户银行或者其他金融机构从企业存款中扣缴税款。②扣押、查封、依法拍卖或者变卖企业价值相当于应纳税款的商品、货物或者其他财产，以拍卖或者变卖所得抵缴税款。税务机关采取强制执行措施时，将对企业未缴纳的滞纳金同时强制执行。

（4）法定代表人可能无法出境。根据《税收征收管理法》第44条的规定，欠缴税款企业的法定代表人如需出境，企业应在出境前向税务机关结清应纳税款、滞纳金或者提供担保。如果未结清税款、滞纳金，又不提供担保，税务机关将通知出境管理机关阻止企业法定代表人出境。

（5）由税务机关收缴发票或者停止发售发票。根据《税收征收管理法》第72条的规定，企业欠缴税款，且拒不接受税务机关处理的，税务机关可以收缴企业的发票或者停止向企业发售发票。

（6）由税务机关罚款，构成犯罪的承担刑事责任。根据《税收征收管理法》第65条的规定，企业欠缴应纳税款，采取转移或者隐匿财产的手段，妨碍税务机关追缴欠缴的税款，由税务机关追缴欠缴的税款、滞纳金，并处欠缴税款50%以上5倍以下的罚款。企业行为构成犯罪的，将被依法追究刑事责任。

4 企业没有生意也要申报纳税吗？

纳税申报是税务机关税务管理制度的一项重要内容，也是企业作为纳税人应尽的义务之一。《税收征收管理法》第 25 条规定，纳税人必须依照法律、行政法规规定或者税务机关依照法律、行政法规的规定确定的申报期限、申报内容如实办理纳税申报，报送纳税申报表、财务会计报表以及税务机关根据实际需要要求纳税人报送的其他纳税资料。有的企业负责人认为，企业没有生意，也没有应纳税款，就不需要申报纳税了，这是对纳税申报的一种误解。根据《税收征收管理法实施细则》第 32 条的规定，纳税人在纳税期内没有应纳税款的，也应当按照规定办理纳税申报。纳税人享受减税、免税待遇的，在减税、免税期间应当按照规定办理纳税申报。可见，企业即使没有生意也应当依法办理纳税申报。

企业办理纳税申报时，应当填写纳税申报表，如实填写自身实际情况，并报送财务会计报表及其说明材料、与纳税有关的合同、协议书及凭证、税控装置的电子报税资料、外出经营活动税收管理证明和异地完税凭证等文件材料。而且，企业应在法律、行政法规规定的申报期限内申报纳税，如果不能按期办理纳税申报，企业应在规定的期限内向税务机关提出书面延期申请，经税务机关批准，可以延期申报。税务机关核准延期后，企业应当在核准的期限内办理纳税申报。

如果企业未按期办理纳税申报，将承担相应的法律责任。根据《税收征收管理法》第 62 条的规定，企业如果未按照规定的期限办理纳税申报和报送纳税资料的，由税务机关责令限期改正，可以处2000元以下的罚款；情节严重的，可以处2000元以上1万元以下的罚款。

5 企业会计可以涂改会计凭证的内容吗？

企业会计凭证是记录和反映企业经济业务发生或完成情况的书面证明，企业会计如果发现会计凭证填写错误时，涂改会计凭证记载的日期、名称、摘要、数量、金额等内容，属于变造会计凭证的行为，是法律所禁止的。《会计法》第13条规定，任何单位和个人不得伪造、变造会计凭证、会计账簿及其他会计资料，不得提供虚假的财务会计报告。因此，企业会计如果发现会计凭证填写错误，不能自行涂改会计凭证内容，否则将承担以下法律责任：（1）行政责任。根据《会计法》第43条的规定，涂改会计凭证的，由县级以上人民政府财政部门予以通报，可以对单位并处5000元以上10万元以下的罚款；对其直接负责的主管人员和其他直接责任人员，处3000元以上5万元以下的罚款；属于国家工作人员的，还应当由其所在单位或者有关单位依法给予撤职直至开除的行政处分。（2）刑事责任。变造会计凭证构成犯罪的，依法承担刑事责任。

根据财政部《会计基础工作规范》第51条第5项规定，企业会计如果发现会计凭证填写错误，可根据不同情况采取不同的更正措施。(1) 如果在填制会计凭证时发生错误，应当重新填制。(2) 已经登记入账的记账凭证，在当年内发现填写错误时，可以用红字填写一张与原内容相同的记账凭证，在摘要栏注明“注销某月某日某号凭证”字样，同时再用蓝字重新填制一张正确的记账凭证，注明“订正某月某日某号凭证”字样。(3) 如果会计科目没有错误，只是金额错误，也可以将正确数字与错误数字之间的差额，另编一张调整的记账凭证，调增金额用蓝字，调减金额用红字。发现以前年度记账凭证有错误的，应当用蓝字填制一张更正的记账凭证。

6 哪些技术转让可以享受企业所得税优惠?

根据《企业所得税法》第27条的规定，企业符合条件的技术转让所得，可以免征、减征企业所得税，也就是享受企业所得税优惠。具体来说，《企业所得税法实施条例》第90条规定，一个纳税年度内，居民企业技术转让所得不超过500万元的部分，免征企业所得税；超过500万元的部分，减半征收企业所得税。

根据《国家税务总局关于技术转让所得减免企业所得税有关问题的通知》第1条的规定，技术转让所得享受减免企业所得税优惠须符合以下条件：（1）只有企业所得税法规定的居民企业才可成为享受优惠的技术转让的主体。（2）技术转让属于财政部、国家税务总局规定的范围，例如居民企业转让专利技术、计算机软件著作权、集成电路布图设计权、植物新品种、生物医药新品种以及财政部和国家税务总局确定的其他技术。其中，专利是指法律授予独占权的发明、实用新型以及非简单改变产品图案和形状的外观设计。（3）境内技术转让须经省级以上科技部门认定，向境外技术转让须经省级以上商务部门认定。（4）国务院税务主管部门规定的其他条件。

需要注意的是，技术转让所得是企业应纳税所得的一部分，可享受技术转让所得减免企业所得税优惠的企业，应与非技术转让所得分别核算，单独计算技术转让所得，并合理分摊企业的期间费用。如果没有单独计算，企业将不能享受技术转让所得减免企业所得税优惠。

7 企业能向其他企业借款吗?

企业为适应激烈的市场竞争，常常需要融资以发展壮大自己。根据《最高人民法院关于审理民间借贷案件适用法律若干问题的规定》（以下简称《民间借贷司法解释》）第10条“法人之间、非法人组织之间以及它们相互之间为生产、经营需要订立的民间借贷合同，除存在民法典第一百四十六条、第一百五十三条、第一百五十四条以及本规定第十三条规定的情形外，当事人主张民间借贷合同有效的，人民法院应予支持”的规定，企业为生产经营发展需要，可以向其他企业借款，但是，企业之间借贷时，应避免触碰以下法律风险：

（1）企业出借的资金应是自有资金。如果是非自有资金，可能会影响企业双方借贷合同的效力。企业之间签订借款合同时，如果存在以下行为可能导致借贷合同无效：①签订借贷合同时，出借企业尚欠银行贷款未还；②企业将向其他企业所借或者向本企业职工集资或者以向公众非法吸收存款等方式取得的资金进行转贷；③出借企业事先知道或者应当知道借款企业借款用于犯罪或者其他违法活动仍然提供借款；④违反法律、行政法规强制性规定或者违背公序良俗。特别需要注意的是，即使是企业自有资金，如果该企业未依法取得放贷资格，也不能以营利为目的向社会不特定企业提供借款。企业如果以经常放贷为主要业务，或者以此作为主要收入来源，可能导致企业性质发生变异，将会严重扰乱国家金融市场和金融秩序，此时双方借贷合同是无效的。

（2）借款用途应是为了企业生产经营需要。如果借款企业借款后并未将所借款项用于正常的生产经营，而是转贷，双方借款合同可能因违反法律规定而无效。

8 企业向他人借款后，可以改变借款用途使用借款吗？

企业在向他人借款融资时，双方往往在借款合同中约定借款用途，目的是确保出借资金的安全。借款用途与借款人能否按期偿还借款有着直接关系。如果借款人未按照之前双方约定的借款用途使用借款，将使得双方当事人共同预期的收益变得不确定，无形增加贷款人的风险。《民法典》第673条规定，借款人未按照约定的借款用途使用借款的，贷款人可以停止发放借款、提前收回借款或者解除合同。因此，企业作为借款人，负有按照约定的借款用途使用借款的义务。如果企业擅自变更约定的借款用途使用借款，将承担相应的违约责任，贷款人有权停止发放借款、提前收回借款或者解除借款合同。

实践中，贷款人为保证借款能按时收回，常与借款人在借款合同中约定贷款人可以检查、监督借款的使用情况。财务会计报表等资料可以反映借款人的生产经营情况和财务状况，也在一定程度上反映了借款的使用情况。因此，根据《民法典》第672条的规定，企业作为借款人负有按照约定向贷款人定期提供有关财务会计报表或者其他资料的义务。如果企业没有按照合同约定向贷款人定期提供有关财务会计报表或者其他资料，或者没有按照约定接受贷款人检查、监督借款的使用情况，将依约承担相应的违约责任。

9　企业法定代表人向他人借款，谁来承担还款责任?

《民法典》第61条规定，依照法律或者法人章程的规定，代表法人从事民事活动的负责人，为法人的法定代表人。法定代表人以法人名义从事的民事活动，其法律后果由法人承受。由此可见，法定代表人是在法律上代表法人从事活动的自然人。企业法定代表人向他人借款时，具有双重身份，可能是代表企业借款，也可能是作为自然人以个人名义借款。企业法定代表人向他人借款，由谁来承担还款责任，需具体问题具体分析：

（1）法定代表人以企业名义向他人借款，款项用于企业经营。该种情形下，法定代表人借款是职务行为，应由企业承担还款责任。

（2）法定代表人以企业名义向他人借款，款项用于个人生活、消费。该种情形下，法定代表人一般应在自用资金范围内承担还款责任，企业在法定代表人不能清偿的范围内承担补充责任。

（3）法定代表人以个人名义借款，款项用于个人使用。此时，法定代表人应自己承担还款责任。

（4）法定代表人以个人名义借款，所借款项用于企业生产经营。根据《民间借贷司法解释》第 22 条第 2 款“法人的法定代表人或者非法人组织的负责人以个人名义与出借人订立民间借贷合同，所借款项用于单位生产经营，出借人请求单位与个人共同承担责任的，人民法院应予支持”的规定，企业与个人应共同承担还款责任。

10 企业与出借人在借款合同中没有明确约定利息支付期限和利息标准，应该如何支付利息？

借款合同中，借款人的主要义务之一是向出借人支付利息。借款人和出借人通常会在借款合同中明确约定利息标准、数额、支付期限等内容。但实践中，仍存在利息支付期限、计息标准等内容不明确的现象。这种情形下，借款人应如何支付利息，支付多少利息，关系到借款人和出借人的切身利益，是双方当事人最为关注的问题。对此，《民法典》第 674 条、第 680 条作出了规定。

如果企业与他人在借款合同中没有明确约定利息支付期限，根据《民法典》第 510 条的规定，双方可以先通过签订补充协议明确约定支付期限来解决。如果双方无法达成补充协议，则按照合同相关条款或者交易习惯确定。如果按照合同条款或者交易习惯仍不能确定利息支付期限，根据《民法典》第 674 条的规定，借款期限不同，支付利息期限的方式也不同。借款期间不满 1 年的，借款人应当在借款合同期限届满时一并支付借款本金和利息。借款期间 1 年以上的，借款人应当在每届满 1 年时支付利息，剩余期间不满 1 年的，借款人应当在返还借款时一并支付利息。

如果企业与他人在借款合同中没有明确约定利息的标准或者数额，根据《民法典》第 680 条的规定，双方当事人可以先签订补充协议，对利息进行明确约定。如果双方没有达成补充协议，则按照当地或者当事人的交易方式、交易习惯、市场利率等因素确定利息。

11 企业可以出借自己的银行账户吗？

日常经济活动中，尤其是在民间借贷、买卖合同等民事活动中存在大量出借银行账户的行为，给企业带来不少法律风险，由此引发许多纠纷。出借银行账户是指企业或者个人未按国家有关法律法规规定，将其企业账户或者个人账户借给他人使用。根据《人民币银行结算账户管理办法》第 65 条第 1 款的规定，存款人使用银行结算账户，不得出租、出借银行结算账户。因此，出借银行账户并不是简单借用一下账户，而是违反金融管理法规的违法行为，如果企业出借银行账户，可能会面临以下法律风险：

（1）出借银行账户的企业可能成为被告。《民事诉讼法司法解释》第65条规定，借用业务介绍信、合同专用章、盖章的空白合同书或者银行账户的，出借单位和借用人为共同诉讼人。因此，出借账户的企业可能成为被告，还可能承担相应的民事责任。

（2）出借银行账户的企业可能承担行政责任。根据《人民币银行结算账户管理办法》第65条的规定，存款人如有“出租、出借银行结算账户”行为，对非经营性的存款人，给予警告并处以1000元罚款；对经营性的存款人，给予警告并处以5000元以上3万元以下的罚款。

（3）出借银行账户的企业可能承担刑事责任。如果借用人涉嫌挪用侵占单位资金、逃避债务、套取现金、洗钱、非法集资或者经济诈骗等犯罪行为，出借银行账户的企业即便不知情也可能受到牵连，如果明知借用人借用银行账户是实施犯罪行为，则可能构成共同犯罪，承担相应的刑事责任。

12 企业可以向单位内部职工集资吗？

市场经济活动中，企业常常需要筹集资金来满足自身发展需要。企业内部集资是指企业向其内部职工公开集资并按期还本付息的行为，这是企业融资发展的渠道之一，企业可以依法向单位内部职工集资。根据《民间借贷司法解释》第 11 条“法人或者非法人组织在本单位内部通过借款形式向职工筹集资金，用于本单位生产、经营，且不存在民法典第一百四十四条、第一百四十六条、第一百五十三条、第一百五十四条以及本规定第十三条规定的情形，当事人主张民间借贷合同有效的，人民法院应予支持”的规定，企业向单位内部员工集资，需做好以下风险防范工作：

（1）集资的范围只能是内部员工。企业借款对象仅限于单位内部职工，不能对任何企业员工以外的人员进行集资，也不能以任何形式进行面向社会的公开宣传，如果集资对象既有本单位内部职工，也有社会公众，则涉嫌非法吸收公众存款。如果以筹集资金为目的，公开招聘任用员工，再向员工集资，也可能涉嫌非法吸收公众存款。

（2）集资款须用于企业自身的生产经营，资金要做到取之于企业职工，用之于企业。

（3）企业内部通过借款形式向职工筹集资金需要符合法律法规关于借贷的规定，不能存在《民法典》第 146 条、第 153 条、第 154 条规定的关于合同无效的情形以及《民间借贷司法解释》第 13 条规定的将向本单位职工集资取得的资金转贷等情形。企业应与职工明确约定借款利息、借款期限等内容，并按照双方约定及时履行义务。

13 企业支票丢失了怎么办?

支票属于票据的一种，具有方便快捷等优点，是企业在日常交易活动中常用的结算方式之一。如果支票不慎丢失，企业应及时采取有效措施，以免带来经济损失。《票据法》第15条规定，票据丧失，失票人可以及时通知票据的付款人挂失止付，但是，未记载付款人或者无法确定付款人及其代理付款人的票据除外。收到挂失止付通知的付款人，应当暂停支付。失票人应当在通知挂失止付后3日内，也可以在票据丧失后，依法向人民法院申请公示催告，或者向人民法院提起诉讼。因此，企业支票丢失后，可采取以下措施：

（1）挂失止付

支票丢失后，企业应将丧失票据的情况及时通知付款人，让付款人暂停支付。根据《票据法》第15条的规定，未记载付款人或者无法确定付款人及其代理付款人的票据，不能挂失止付。但是，挂失止付产生的效力仅是“暂停支付”，并不能产生“停止支付”的法律效力。

（2）公示催告

企业应在通知挂失止付后3日内，或者在票据丧失后，向票据支付地的基层人民法院申请公示催告。公示催告是指法院根据当事人的申请，以公示的方式催告不明的利害关系人，在法定期间内申报权利，逾期无人申报，法院将作出宣告票据无效（除权）的判决程序。企业申请公示催告时，应向法院递交申请书，写明票面金额、发票人、持票人、背书人等票据主要内容和申请的理由、事实。根据《民事诉讼法》第 219 条、第 220 条的规定，法院决定受理公示催告的申请后，将同时通知支付人停止支付，并在 3 日内发出公示催告公告，催促利害关系人申报权利。公示催告的期间并不固定，但不得少于 60 日。支付人收到法院停止支付的通知后，应依法停止支付，至公示催告程序终结。因此，公示催告能产生停止支付的法律效力，一旦法院受理了公示催告申请，就会向支付人发出停止支付通知书，及时保证当事人的利益。

公示催告期间，如果有利害关系人申报权利，法院在收到利害关系人的申报后，裁定终结公示催告程序，通知企业（申请人）和支付人，企业（申请人）可以向法院起诉。

公示催告期间，如果没有利害关系人申报权利，企业（申请人）应当自公示催告期间届满之日起一个月向法院申请作出除权判决，宣告票据无效。自判决公告之日起，企业（申请人）有权依据判决向付款人请求付款。很多企业在丢失支票后，发布遗失声明宣告票据无效，是没有法律效力的。宣告票据无效只能通过公示催告程序由人民法院依法作出。

（3）起诉

如果企业自法院除权判决公告之日起，依据该判决向付款人请求付款，而付款人拒绝付款，企业可向法院提起民事诉讼。

如果企业自公示催告期间届满之日起一个月内没有向法院申请作出除权判决，宣告丢失的支票无效，法院将裁定终结公示催告程序。此时，企业只能向法院提起民事诉讼。

14 企业向银行申请贴现商业汇票，须具备哪些条件？

贴现是企业融资的一种方式，企业在资金周转困难时常常会选择票据未到期前向银行申请票据贴现。具体而言，贴现是指商业汇票的持票人在汇票到期日前，为了取得资金贴付一定利息将票据权利转让给金融机构的票据行为。《票据法》第10条规定，票据的签发、取得和转让，应当遵循诚实信用的原则，具有真实的交易关系和债权债务关系。可见，商业汇票作为交易性票据，应具有真实的贸易背景。根据《中国人民银行商业汇票承兑、贴现与再贴现管理暂行办法》第18条的规定，向金融机构申请票据贴现的商业汇票持票人，必须具备下列条件：（1）为企业法人和其他经济组织，并依法从事经营活动；（2）与出票人或其前手之间具有真实的商品交易关系；（3）在申请贴现的金融机构开立存款账户。因此，企业在具备上述条件时，才能向银行申请贴现商业汇票。

实践中，企业向银行申请贴现商业汇票，需提交贴现申请书、经持票人背书的未到期商业汇票、持票人与出票人或其前手之间的增值税发票和商品交易合同原件、复印件等材料。企业在通过银行贴现融资的同时，也要规范自身行为。如果企业申请贴现时，未支付或未足额支付其签发商业汇票票面金额、未以商品交易为基础签发商业汇票或者以非法手段骗取金融机构承兑、贴现，贴现银行将暂停办理商业汇票贴现业务。

15 企业可以更改票据记载事项吗？

《票据法》第9条规定，票据上的记载事项必须符合本法的规定。票据金额、日期、收款人名称不得更改，更改的票据无效。对票据上的其他记载事项，原记载人可以更改，更改时应当由原记载人签章证明。文义性是票据的典型特征之一，票据权利的内容由票据上所记载的文义确定，这是票据得以便捷流通的基础。票据的记载事项应清楚、明确，与票据相关的所有记载事项均应体现在票据的正面、反面或粘单上，以使票据流通中的相关人士充分知晓票据情况。如果票据上的记载事项有误，并不是所有的记载事项都可以更改，也不是任何人都能更改记载事项。根据《票据法》等规定及票据业务实践，企业需注意以下几点：

（1）票据上的记载事项有的可以更改，有的不可以更改。由于票据金额、日期、收款人名称直接关系当事人的权利义务，《票据法》第 9 条规定，票据金额、日期、收款人名称，不能更改。如果更改，法律后果是票据无效。对于票据上的其他记载事项可以更改，但是只有原记载人有权更改，更改时应当由原记载人本人在更改处签章证明，不签章证明不能发生更改的效力。

（2）如果票据除金额、日期、收款人名称之外的记载事项有误，原记载人更改时，不能对票据中的某一事项用附纸的形式做补充说明，因为这种补充说明没有与票据形成粘单关系，不具有法律效力。原记载人更改记载事项时，应使用画线、打叉等显著方式注销原记载内容，并在更改处签章证明，将更正后的正确事项体现在票据上。

16 票据质押时，企业作为质权人需注意哪些事项？

票据分为汇票、本票和支票。《民法典》第 440 条规定，债务人或者第三人有权处分的汇票、本票、支票可以出质。由此可见，汇票、本票、支票可以用来出质，企业作为质权人，接受债务人或者第三人以汇票、本票、支票出质时，需注意以下事项，以保护自身合法权益。

（1）票据质押应签订质押合同，且将票据交付质权人。《民法典》第 441 条规定，以汇票、本票、支票、债券、存款单、仓单、提单出质的，质权自权利凭证交付质权人时设立；没有权利凭证的，质权自办理出质登记时设立。法律另有规定的，依照其规定。因此，以票据出质的，出质人与企业应当签订书面的质押合同，且出质人应当在合同约定或者法律规定的期限内将票据交付企业，质押合同自票据交付之日起生效。

（2）票据应有质押背书。《最高人民法院关于审理票据纠纷案件若干问题的规定》（以下简称《票据纠纷司法解释》）第 54 条规定，依照《票据法》第 35 条第 2 款的规定，以汇票设定质押时，出质人在汇票上只记载了“质押”字样未在票据上签章的，或者出质人未在汇票、粘单上记载“质押”字样而另行签订质押合同、质押条款的，不构成票据质押。因此，如果出质人单纯交付票据而未进行质押背书，企业作为质权人在实现质权时无法要求票据的付款人付款，票据质权就会形同虚设，无法保障企业合法权益。

（3）企业不能将质押票据再行质押。《票据纠纷司法解释》第 46 条规定，因票据质权人以质押票据再行背书质押或者背书转让引起纠纷而提起诉讼的，人民法院应当认定背书行为无效。因此，作为质权人的企业不能以质押票据再行背书质押，如果因此而引起纠纷，法院将认定该背书行为无效。质押票据所担保的债务到期后，背书人未能如期履行债务时，被背书人也就是企业依法实现质权，但不得将票据进行转让或者贴现。

（4）如果票据兑现日期先于主债权到期，企业可以将票据所载款项兑现。《民法典》第 442 条规定，汇票、本票、支票、债券、存款单、仓单、提单的兑现日期或者提货日期先于主债权到期的，质权人可以兑现或者提货，并与出质人协议将兑现的价款或者提取的货物提前清偿债务或者提存。因此，如果票据的兑现日期比主债权先到期，企业作为质权人可以不经出质人同意，将票据所载款项兑现。但是，企业兑现款项后，不能直接据为己有，要通知出质人，与出质人协商，用兑现的款项提前清偿债权，或者将兑现的款项提存。

17 哪些票据企业不能转让？

票据是企业商业活动中的一种重要支付方式，具有流通性和转让性，但是并非所有的票据都可以转让，依据《票据法》等规定，下列票据企业不能转让：

（1）出票人记载“不得转让”字样的票据。《票据法》第 27 条第 2 款规定，出票人在汇票上记载“不得转让”字样的，汇票不得转让。《票据纠纷司法解释》第 47 条规定，依照《票据法》第 27 条的规定，票据的出票人在票据上记载“不得转让”字样，票据持有人背书转让的，背书行为无效。可见，如果出票人在票据上记载“不得转让”字样，这种票据只能在出票人和收款人之间产生票据关系，持票人不能通过背书或者其他方式将票据转让给他人，否则该背书行为无效。

（2）背书人记载“不得转让”字样的票据。《票据法》第 34 条规定，背书人在汇票上记载“不得转让”字样，其后手再背书转让的，原背书人对后手的被背书人不承担保证责任。《票据纠纷司法解释》第 50 条规定，依照《票据法》第 34 条和第 35 条的规定，背书人在票据上记载“不得转让”“委托收款”“质押”字样，其后手再背书转让、委托收款或者质押的，原背书人对后手的被背书人不承担票据责任，但不影响出票人、承兑人以及原背书人之前手的票据责任。可见，背书人在票据上记载“不得转让”字样后，如果仍转让该票据，原背书人对后手的被背书人不再承担票据责任。

（3）被拒绝承兑、被拒绝付款或者超过付款提示期限的票据。《票据法》第 36 条规定，汇票被拒绝承兑、被拒绝付款或者超过付款提示期限的，不得背书转让；背书转让的，背书人应当承担汇票责任。因此，该种票据依法不得背书转让，否则背书人承担汇票责任。

（4）记载“委托收款”字样的票据。对于该种票据，被背书人有权代背书人行使被委托的票据权利，但被背书人不得以背书转让汇票权利。《票据法》第5条规定，票据当事人可以委托其代理人在票据上签章，并应当在票据上表明其代理关系。可见，这种情况下，被背书人只是受托行使票据权利，不是真正的票据权利人，不能再背书转让汇票权利。

（5）填明“现金”字样的银行汇票、银行本票和用于支取现金的支票。根据中国人民银行印发的《支付结算办法》第27条的规定，票据可以背书转让，但填明“现金”字样的银行汇票、银行本票和用于支取现金的支票不得背书转让。

第七章

企业刑事法律风险

1　企业恶意欠薪，构成犯罪吗？

实践中，企业拖欠工人工资是常有之事。企业是否只要拖欠工人工资就需要承担刑事责任？何种情况的欠薪会构成犯罪？公司的何人可能被处以刑事处罚？具体有哪些刑事处罚？我国《刑法》第276条之一对拒不支付劳动报酬罪作出了规定。

根据拒不支付劳动报酬罪的规定，企业为逃避支付劳动者劳动报酬，转移经营的收益到他处，或隐匿经营收益，以使行政机关、司法机关无法查找到，或者企业有能力支付劳动报酬而不支付，数额较大并经政府有关部门责令支付仍不支付的，构成本罪。对于该罪名的理解如下：

第一，根据《最高人民法院关于审理拒不支付劳动报酬刑事案件适用法律若干问题的解释》（以下简称《拒不支付劳动报酬刑事案件司法解释》）第1条的规定，该罪名所规定的劳动报酬不仅限于工资，还包括奖金、津贴、补贴、加班费等。

第二，《拒不支付劳动报酬刑事案件司法解释》第2条还列举了以转移财产、逃匿等方法逃避支付劳动者的劳动报酬的情形，包括（1）隐匿财产、恶意清偿、虚构债务、虚假破产、虚假倒闭或以其他方法转移、处分财产；（2）逃跑、藏匿；（3）隐匿、销毁或篡改账目、职工名册、工资支付记录、考勤记录等与劳动报酬相关的材料等。

第三，何谓数额较大？根据《最高人民检察院、公安部关于公安机关管辖的刑事案件立案追诉标准的规定（一）的补充规定》第7条，包括两种情形：（1）拒不支付1名劳动者3个月以上的劳动报酬且数额在5000元至2万元以上的；（2）拒不支付10名以上劳动者的劳动报酬且数额累计3万元至10万元以上的。

需要注意的是，不具备用工主体资格的单位或个人，违法用工且拒不支付劳动者的劳动报酬，具备以上情形的，同样可以适用拒不支付劳动报酬罪。比如，在建筑施工行业，大量存在工程违法发包、分包给不具备用工主体资格的组织或个人（小包工头），这些组织或个人虽不属于企业，但如存在上述恶意欠薪情节，将可依照本罪名追究刑事责任。同时，企业犯此罪的，对单位判处罚金，而其直接负责的主管人员和其他直接责任人员，以及用人单位的实际控制人实施拒不支付劳动报酬行为的，也依照本罪追究刑事责任。

但是，在判断罪与非罪时，应正确区分恶意欠薪行为与一般欠薪行为。如企业因经营困难、资金周转困难等原因而暂时无法支付劳动者劳动报酬，主观上不存在故意或恶意的，不适宜纳入本罪予以追究刑事责任。

2 企业生产的产品掺假，是否构成犯罪？

有些企业在生产过程中，为了获得利益最大化，会在生产的产品中掺入异物，以获得降低成本提高利润的不法后果。根据《刑法》第 140 条关于生产、销售伪劣产品罪的规定以及《最高人民检察院、公安部关于公安机关管辖的刑事案件立案追诉标准的规定（一）》第 16 条，生产者、销售者在产品中掺入杂质或者异物，导致产品质量不符合国家法律、法规或者产品明示质量标准规定的质量要求，降低、失去应有使用性能的，销售金额在 5 万元以上，或者伪劣产品未销售，货值 15 万元以上，或者伪劣产品销售金额不满 5 万元但将已销售金额乘以 3 倍后，与尚未销售的伪劣产品货值金额合计 15 万元以上的，构成本罪。比如订立合同约定使用 PP 材料生产零配件，但生产企业为了节约成本，在零配件中掺入 PE 成分，致使零配件自然开裂，无法达到合同约定的质量标准，影响买受人正常使用。

此外，生产者、销售者以不具有某种使用性能的产品冒充具有该种性能的产品，即以假充真，或者以低等次、低档次产品冒充高等次、高档次产品，或者以残次、废旧零配件组合、拼装后冒充正品或者新产品的，数额达到入罪标准时，均应以生产、销售伪劣产品罪论处。需要注意的是，生产、销售不符合食品安全标准的食品添加剂，用于食品的包装材料、容器、洗涤剂、消毒剂，或者用于食品生产经营的工具、设备等，构成犯罪的，以生产、销售伪劣产品罪论处。

3 假冒他人专利，构成什么罪？

企业在生产经营过程中，经常会出现使用他人专利的情形。当使用他人专利却未获得他人授权时，将侵犯专利权人的知识产权，严重时可被追究刑事责任。比如企业未经专利权人许可也无法律依据，为生产经营目的而制造、使用、销售、进口他人的发明或实用新型专利，或者使用其专利方法或销售、进口依照该专利方法直接获得的产品等。

我国《刑法》第216条假冒专利罪规定，假冒他人专利，情节严重的，处3年以下有期徒刑或者拘役，并处或者单处罚金。根据《专利法》第12条的规定，任何单位或者个人实施他人专利，必须与专利权人签订书面专利实施许可合同，向专利权人支付专利使用费。被许可人只能在专利许可合同的许可范围内使用专利。对于该罪名的理解如下：

第一，以下表现可认定为假冒专利：（1）未经许可，在其制造或者销售的产品、产品的包装上标注他人专利号的；（2）未经许可，在广告或者其他宣传资料中使用他人的专利号，使人将所涉及的技术误认为是他人专利技术的；（3）未经许可，在合同中使用他人的专利号，使人将合同涉及的技术误认为是他人专利技术的；（4）伪造或者变造他人的专利证书、专利文件或者专利申请文件的。

第二，何谓"情节严重"？根据《最高人民法院、最高人民检察院关于办理侵犯知识产权刑事案件具体应用法律若干问题的解释》第4条，具有以下情形之一的，属于假冒专利罪的"情节严重"，应判处3年以下有期徒刑或者拘役，并处或者单处罚金：（1）非法经营数额在20万元以上或者违法所得数额在10万元以上的；（2）给专利权人造成直接经济损失在50万元以上；（3）假冒两项以上他人专利，非法经营数额在10万元以上或者违法所得数额在5万元以上的；（4）其他情节严重的情形。

因此，当未经专利权人许可，且以生产经营为目的而假冒他人专利，可能被追究刑事责任。企业在使用他人专利时，应取得专利权人的专利许可，并根据专利许可合同约定的授权范围正当使用他人专利，不可未经授权使用他人专利，亦不可超出授权范围使用他人专利，更不可在获得专利授权后擅自允许合同约定外的其他组织和个人使用他人专利。

4 向社会公众募集资金有哪些刑事风险?

企业为了增强市场竞争力，扩大经营规模等，除了向银行、小额贷款公司融资外，还可能会向社会公众募集资金。企业在向社会公众募集资金时极容易触犯法律禁止性规定，进而涉嫌刑事犯罪。在向社会公众募集资金的过程中，当主体资格、集资程序和方式不符合法律规定时，将可能触犯《刑法》第 176 条非法吸收公众存款罪，第 179 条擅自发行股票、公司、企业债券罪，第 192 条集资诈骗罪。具体情形如下：

（1）非法吸收公众存款罪

根据《刑法》对非法吸收公众存款罪的规定，非法吸收公众存款或者变相吸收公众存款，扰乱金融秩序的，构成本罪。单位犯本罪的，对单位判处罚金，并对其直接负责的主管人员和其他直接责任人员，以本罪处罚。对该罪名的理解如下：

第一，非法吸收公众存款是指行为人不具有吸收存款的主体资格而吸收公众存款、破坏金融秩序的行为。变相吸收公众存款是指行为人非以存款的名义而是通过其他名义吸收公众资金，进而达到吸收公众存款的目的的行为。比如企业以未经批准成立的资金会吸收公众资金，但不按正常投资的形式分配利润，而是定期支付利息的行为。

第二，违反国家金融管理法律规定，向社会公众吸收资金的行为，同时具备以下四个条件的，应当认定为非法吸收公众存款罪：①未经有关部门依法批准或者借用合法经营的形式吸收资金；②通过媒体、推介会、传单、手机短信等途径向社会公开宣传；③承诺在一定期限内以货币、实物、股权等方式还本付息或者给付汇报；④向社会公众即社会不特定对象吸收资金。需要注意的是，未向社会公众公开宣传，在亲友或者单位内部针对特定对象吸收资金的，不属于非法吸收或者变相吸收公众存款。但企业未能控制实际投资者范围，明知企业员工向他人公开宣传募集资金，仍予以吸纳，或企业为规避法律限制，而将作为普通社会公众的投资人吸纳为企业员工后再吸收资金的，也涉嫌非法吸收公众存款犯罪。

第三，本罪入罪的标准是什么？根据《最高人民检察院、公安部关于公安机关管辖的刑事案件立案追诉标准的规定(二)》（以下简称《立案追诉标准二》）第28条规定，具备以下情形之一的，应当依法追究非法吸收公众存款罪：①个人非法吸收或者变相吸收公众存款数额在20万元以上，单位非法吸收或者变相吸收公众存款数额在100万以上的；②个人非法吸收或者变相吸收公众存款对象30人以上的，单位非法吸收或者变相吸收公众存款对象 150 人以上的；③个人非法吸收或者变相吸收公众存款，给存款人造成直接经济损失数额在 10 万元以上的，单位非法吸收或者变相吸收公众存款，给存款人造成直接经济损失数额在 50 万元以上的；④造成恶劣社会影响或者其他严重后果。

（2）擅自发行股票、公司、企业债券罪

根据《刑法》第 179 条对擅自发行股票、公司、企业债券罪的规定，未经国家有关主管部门批准，擅自发行股票或者公司、企业债券，数额巨大、后果严重或者有其他严重情节的，构成本罪。单位犯本罪的，对单位判处罚金，并对其直接负责的主管人员和其他直接责任人员，处 5 年以下有期徒刑或者拘役。

本罪入罪的标准是什么？根据《立案追诉标准二》第 34 条规定，未经国家有关主管部门批准，擅自发行股票或者公司、企业债券，具备以下情形之一的，应以本罪立案追诉：①发行数额在 50 万元以上的；②虽未达到上述数额标准，但擅自发行致使 30 人以上的投资者购买了股票或者公司、企业债券的；③不能及时清偿或者清退的；④其他后果严重或者有其他严重情节的情形。

未经国家有关主管部门批准，向社会不特定对象发行、以转让股权等方式变相发行股票或者公司、企业债券，或者向特定对象发行、变相发行股票或者公司、企业债券累计超过200人的，应当认定擅自发行股票或者公司、企业债券。

（3）集资诈骗罪

根据《刑法》对集资诈骗罪的规定，以非法占有为目的，使用诈骗方法非法集资，数额较大的，构成本罪。其中，使用诈骗方法非法集资，具有以下情形之一的，可以认定为“以非法占有为目的”：①集资后不用于生产经营活动或者用于生产经营活动与筹集资金规模明显不成比例，致使集资款不能返还的；②肆意挥霍集资款，致使集资款不能返还的；③携带集资款逃匿的；④将集资款用于违法犯罪活动的；⑤抽逃、转移资金、隐匿财产，逃避返还资金的；⑥隐匿、销毁账目，或者搞假破产、假倒闭，逃避返还资金的；⑦拒不交代资金去向，逃避返还资金的；⑧其他可以认定非法占有目的的情形。

本罪入罪标准是什么？根据《立案追诉标准二》第49条规定，以非法占有为目的，使用诈骗方法非法集资，涉嫌以下情形之一的，应以本罪立案追诉：①个人集资诈骗，数额在10万元以上的；②单位集资诈骗，数额在50万元以上的。

根据上述分析可知，企业在向公众募集资金时，应做好以下防范工作：①应当依法依规，完善募集资金的程序；②应确保专款专用，筹集的资金应用于生产经营所需的必要支出；③应规范财务制度，对募集的资金做好财务记录；④应严格控制募集资金的对象，不得随意以公开方式向社会不特定对象募集资金；⑤应谨慎采取众筹方式募集资金。尤其是虽不以销售特定产品或提供特定服务等真实内容为目的，但面对社会不特定公众募集资金时，存在较大的刑事法律风险。

5 企业捏造并散布虚伪事实，损害竞争对手的商品信誉、商品声誉，构成什么罪?

在同行业竞争中，有些企业会通过提高生产效率和产品质量而取得竞争优势，而有些企业则通过捏造事实诋毁竞争对手以获得竞争优势。根据《刑法》第221条对损害商业信誉、商品声誉罪的规定，捏造并散布虚伪事实，损害他人的商业信誉、商品声誉，给他人造成重大损失或者有其他严重情节的，处2年以下有期徒刑或者拘役，并处或者单处罚金。对于该罪名的理解如下：

捏造包括完全虚构，也包括在真实情况上部分虚构、歪曲事实真相。散布包括口头散布，也包括书面形式散布。他人的商业信誉主要是指他人在从事商业活动中有关经济能力、信用状况的社会评价，即他人在经济活动中的信用和名誉等。他人的商品声誉主要是指他人商品在质量、性能等方面的社会评价，比如他人商品的知名度等。

本罪的入罪标准是什么？根据《立案追诉标准二》第74条规定，捏造并散布虚伪事实，损害他人的商业信誉、商品声誉，涉嫌下列情形之一的，应以本罪立案追诉：（1）给他人造成直接经济损失数额在50万元以上的。（2）虽未达到上述数额标准，但具有以下情形之一的：①利用互联网或者其他媒体公开损害他人商业信誉、商品声誉的；②造成公司、企业等单位停业、停产6个月以上，或者破产的。（3）其他给他人造成重大损失或者有其他严重情节的情形。

6 企业经理利用职务便利，非法占有企业财物，涉及什么罪？

司法实践中，有部分企业经理在履行职务期间，发现有利可图，便利用职务之便，将企业财物占为己有。有些企业通过民事诉讼途径要求企业经理返还占有财物。但当情节严重时，企业经理的上述行为将可能涉嫌职务侵占罪而被追诉。

根据《刑法》第271条的规定，公司、企业或者其他单位的工作人员，利用职务上的便利，将本单位财物非法占为己有，数额较大的，处3年以下有期徒刑或者拘役，并处罚金；数额巨大的，处3年以上10年以下有期徒刑，并处罚金；数额特别巨大的，处10年以上有期徒刑或者无期徒刑，并处罚金。而国有公司、企业或者其他国有单位中从事公务的人员和国有公司、企业或者其他国有单位委派到非国有公司、企业以及其他单位从事公务的人员有前述行为的，按照贪污罪处罚。

职务侵占罪的入罪标准是什么？根据《立案追诉标准二》第84条规定，公司、企业或者其他单位的人员，利用职务上的便利，将本单位财物非法占为己有，数额在5000元至10000元以上的，应以职务侵占罪立案追诉。

需要注意的是，如行为人与国家工作人员勾结，利用国家工作人员的职务便利，共同侵吞、窃取、骗取或者以其他手段非法占有公共财物的，以贪污罪共犯论处。而行为人与公司、企业或者其他单位的人员勾结，利用公司、企业或者其他单位人员的职务便利，共同将该单位财物非法占为己有，数额较大的，以职务罪共犯论处。

实务中常见股东将公司视为个人财产，公私不分，非法占有公司财物的情形，而股东之间也存在非法占有公司股东股权的情形。对于以上情形，如能认定行为人主观上具有非法占有他人财物之目的，则可对其利用职务便利，非法占有公司财物或公司股东股权的行为认定为职务侵占罪。

7 企业财务人员挪用企业资金，需要承担刑事责任吗？

实践中，公司股东向公司缴纳注册资本后要求公司财务人员将注册资本从公司处抽逃，并归个人使用的情形较为普遍。此外，公司财务人员利用掌管公司财物的职务便利，擅自挪用公司资金，用于自己的投资，等获取盈利后再偷偷把资金转回公司。这些行为都可能涉嫌挪用资金罪。

根据《刑法》第272条的规定，公司、企业或者其他单位的工作人员，利用职务上的便利，挪用本单位资金归个人使用或者借贷给他人，数额较大、超过3个月未还的，或者虽未超过3个月，但数额较大、进行营利活动的，或者进行非法活动的，处3年以下有期徒刑或者拘役；挪用本单位资金数额巨大的，处3年以上7年以下有期徒刑；数额特别巨大的，处7年以上有期徒刑。

根据上述规定，挪用资金罪的入罪标准及量刑，主要依据挪用资金的数额、挪用期限以及用途是否非法、是否退还等综合考虑。因此，作为企业，为保障自身财产安全，应选任可靠的财务人员，建立规范的财务管理制度，并由股东或实际控制人作财务审批，掌管银行预留印鉴及网银 UKEY 等。作为财务人员，应自觉遵守财务管理制度及财务人员职业操守，不得主动或被动挪用公司资金，以免被追究相关法律责任。

8 企业采购经理收受回扣，属于受贿吗?

企业采购经理利用职务便利收受回扣，达到一定数额的构成非国家工作人员受贿罪。

根据《刑法》第 163 条的规定，公司、企业或者其他单位的工作人员，利用职务上的便利，索取他人财物或者非法收受他人财物，为他人谋取利益，数额较大的，处 3 年以下有期徒刑或者拘役，并处罚金；数额巨大或者有其他严重情节的，处 3 年以上 10 年以下有期徒刑，并处罚金；数额特别巨大或者有其他特别严重情节的，处 10 年以上有期徒刑或者无期徒刑，并处罚金。公司、企业或者其他单位的工作人员在经济往来中，利用职务上的便利，违反国家规定，收受各种名义上的回扣、手续费，归个人所有的，依照非国家工作人员受贿罪定罪处罚。

本罪入罪标准是什么？根据《立案追诉标准二》第 10 条规定，公司、企业或者其他单位的工作人员利用职务上的便利，索取他人财物或者非法收受他人财物，为他人谋取利益，或者在经济往来中，利用职务上的便利，违反国家规定，收受各种名义的回扣、手续费，归个人所有，数额在5000元以上的，应予以立案追诉。

9　以公司名义给别人送礼，也会犯罪吗？

实践中，有些投资者为了规避其个人犯行贿罪的刑事处罚，以公司名义向公职人员送礼，是否构成犯罪？根据《刑法》第391条对单位行贿罪的规定，单位为谋取不正当利益，给予国家机关、国有公司、企业、事业单位、人民团体以财务的，或者在经济往来中，违反国家规定，给予各种名义的回扣、手续费的，构成对单位行贿罪；对单位处以罚金，并对直接负责的主管人员和其他直接责任人员处3年以下有期徒刑或者拘役，并处罚金。

本罪入罪标准是什么？根据《最高人民检察院关于人民检察院直接受理立案侦查案件立案标准的规定（试行）》的规定，涉嫌下列情形之一的，应以对单位行贿罪立案：（1）单位行贿数额在20万元以上的。（2）单位行贿数额在10万元以上不满20万元，但具有下列情形之一的：①为谋取非法利益而行贿的；②向3个以上单位行贿的；③向党政机关、司法机关、行政执法机关行贿的；④致使国家或者社会利益遭受重大损失的。

因此，投资者不能抱有侥幸心理，借公司之壳行行贿之事，否则除单位受到刑事处罚外，直接责任人员也会因涉嫌对单位行贿罪而受到刑事处罚。

10 公司董事、监事、高级管理人员没有尽职尽责，可能承担什么刑事责任?

根据《公司法》第 147 条的规定，公司董事、监事、高级管理人员对公司负有忠实义务和勤勉义务，不得利用职权收受贿赂或者其他非法收入，不得侵占公司财产。公司董事、监事、高级管理人员违反法律、行政法规或公司章程的规定，可能涉嫌贪污罪，单位受贿罪，非法经营同类营业罪，为亲友非法牟利罪，背信损害上市公司利益罪，签订、履行合同失职被骗罪等。

（1）贪污罪。根据《刑法》第 382 条的规定，经国家机关、国有公司、企业、事业单位、人民团体的委托，有权管理、经营国有财产的人员，如利用职务上的便利，以侵吞、窃取、骗取或其他手段非法占有国有财务的，以贪污罪论处。

（2）单位受贿罪。根据《刑法》第 387 条的规定，国家机关、国有公司、企业、事业单位、人民团体，索取、非法收受他人财物，为他人谋取利益，情节严重的，对单位判处罚金，并对其直接负责的主管人员和其他直接责任人员，处5年以下有期徒刑或者拘役。

（3）非法经营同类营业罪。《刑法》第165条规定，国有公司、企业的董事、经理利用职务便利，自己经营或者为他人经营与其所任职公司、企业同类的营业，获取非法利益，数额巨大的，以非法经营同类营业罪论处。

（4）为亲友非法牟利罪。《刑法》第166条规定，国有公司、企业、事业单位的工作人员，利用职务便利，将本单位的盈利业务交由自己的亲友进行经营，或以明显高于市场的价格向自己的亲友经营管理的单位采购商品或以明显低于市场的价格向自己的亲友经营管理的单位销售商品，或向自己的亲友经营管理的单位采购不合格商品，使国家利益遭受重大损失的，以为亲友非法牟利罪论处。

（5）签订、履行合同失职被骗罪。《刑法》第167条规定，国有公司、企业、事业单位直接负责的主管人员，在签订、履行合同过程中，因严重不负责任被诈骗，致使国家利益遭受重大损失的，以签订、履行合同失职被骗罪论处。

11 企业购买发票抵扣税款，构成什么罪？

实践中，企业为了降低经营成本，会想办法收集发票以抵扣税款，比如企业在购买了材料后没有发票，无法进行报账报税，可能会向他人购买增值税专用发票。但此种行为已构成了非法购买增值税专用发票罪，将面临刑事处罚。

根据《刑法》第 208 条对非法购买增值税专用发票罪的规定，非法购买增值税专用发票或者购买伪造的增值税专用发票的，处 5 年以下有期徒刑或者拘役，并处或者单处 2 万元以上 20 万元以下罚金。非法购买增值税专用发票或者购买伪造的增值税专用发票又虚开或者出售的，分别依照虚开增值税专用发票罪、出售伪造的增值税专用发票罪、非法出售增值税专用发票罪的规定定罪处罚。

本罪的入罪标准是什么？根据《立案追诉标准二》第 64 条规定，非法购买增值税专用发票或者购买伪造的增值税专用发票 25 份以上或者票面额累计在 10 万元以上的，应以本罪立案追诉。尤其值得注意的是，根据《最高人民法院关于适用〈全国人民代表大会常务委员会关于惩治虚开、伪造和非法出售增值税专用发票犯罪的决定〉的若干问题的解释》第 4 条规定，非法购买真、伪两种增值税专用发票的，数量累计计算。

12　企业签订“阴阳合同”可能触犯什么罪?

“阴阳合同”是指合同当事人在同一事项上订立两份内容不同的合同，其中一份是对外但不是合同当事人真实意思表示，也未实际履行的；另一份是不对外但是合同当事人真实意思表示，当事人愿意以此合同版本履行的。现实中存在不少“阴阳合同”，比如股权转让合同、二手房买卖合同、演员表演的服务合同等。签订这些“阴阳合同”的目的大多数是逃避法律义务，比如缴纳税款等。

当企业签订“阴阳合同”以逃避税款时，将可能涉嫌逃税罪。根据《刑法》第201条对逃税罪的规定，纳税人采取欺骗、隐瞒手段进行虚假纳税申报或者不申报，逃避缴纳税款数额较大并且占应纳税额10%以上的，处3年以下有期徒刑或者拘役，并处罚金；数额巨大并且占应纳税额30%以上的，加重处罚。从逃税罪的规定可见，签订“阴阳合同”逃税属于典型的采取欺骗手段进行少报税以达到少缴税目的的情形，数额较大时将会被追究刑事责任。

13 企业因经营困难被法院判决解散后依法成立清算组，但不配合清算工作，是否构成犯罪？

清算工作是企业解散后必须开展的工作。清算可以追收债权，清理债务，并可以厘清投资者之间的责任。因此，清算工作非常关键。但实务上，部分企业不配合清算组的清算工作，甚至故意将财务资料隐匿起来，或者没有开展清算工作而直接出具假的清算报告。这些行为是否构成犯罪？

根据《刑法》第162条关于妨害清算罪的规定，企业进行清算时，隐匿财产，对资产负债表或者财务清单作虚伪记载或者在未清偿债务前分配企业财产，严重损害债权人或者其他人利益的，将对直接负责的主管人员和其他直接责任人员以妨害清算罪论处。根据《立案追诉标准二》第7条规定，企业在清算时，作出上述行为，当存在以下情形之一时，应予以立案追诉：（1）隐匿财产价值在50万元以上的；（2）对资产负债表或者财产清单作虚伪记载涉及金额在50万元以上的；（3）在未清偿债务前分配企业财产价值在50万元以上的；（4）造成债权人或者其他人直接经济损失数额累计在10万元以上的；（5）虽未达到以上数额标准，但应清偿的职工工资、社会保险等费用和法定补偿金得不到及时清偿，造成恶劣社会影响的；（6）其他严重损害债权人或者其他人利益的情形。

根据《刑法》第162条之一关于隐匿、故意销毁会计凭证、会计账簿、财务会计报告罪的规定以及《立案追诉标准二》第8条，企业隐匿或者销毁依法应当保存的会计凭证、会计账簿、财务会计报告，情节严重的，以本罪论处。该条中的情节严重包括：（1）隐匿、故意销毁的会计凭证、会计账簿、财务会计报告涉及金额在50万元以上；（2）依法应当向司法机关、行政机关、有关主管部门等提供而隐匿、故意销毁或者拒不交出会计凭证、会计账簿、财务会计报告；（3）其他严重情节。

图书在版编目（CIP）数据

企业法律知识实用问答／张闻晋，张映婷著．—北京：中国法制出版社，2021.8（2023.6重印）
ISBN 978-7-5216-2051-1

Ⅰ.①企… Ⅱ.①张…②张… Ⅲ.①企业法-中国-问题解答 Ⅳ.①D922.291.915

中国版本图书馆 CIP 数据核字（2021）第 141168 号

责任编辑 王佩琳　　　　封面设计 杨鑫宇

企业法律知识实用问答

QIYE FALÜ ZHISHI SHIYONG WENDA

著者/张闻晋 张映婷
经销/新华书店
印刷/北京虎彩文化传播有限公司
开本/880 毫米×1230 毫米 32 开　　　　印张/8 字数/123 千
版次/2021 年 8 月第 1 版　　　　2023 年 6 月第 4 次印刷

中国法制出版社出版
书号 ISBN 978-7-5216-2051-1　　　　定价：30.00 元

北京市西城区西便门西里甲 16 号西便门办公区
邮政编码 100053　　　　传真：010-63141852
网址：http://www.zgfzs.com　　　　**编辑部电话：010-63141798**
市场营销部电话：010-63141612　　　　**印务部电话：010-63141606**

（如有印装质量问题，请与本社印务部联系。）